中华先锋人物
故事汇

于漪

在讲台上用生命歌唱

YU YI
ZAI JIANGTAI SHANG YONG SHENGMING GECHANG

解旭华 著

党建读物出版社　　接力出版社

图书在版编目（CIP）数据

于漪：在讲台上用生命歌唱 / 解旭华著．—南宁：接力出版社；北京：党建读物出版社，2022.12

（中华人物故事汇．中华先锋人物故事汇）

ISBN 978-7-5448-7886-9

Ⅰ.①于… Ⅱ.①解… Ⅲ.①传记小说－中国－当代 Ⅳ.①I247.5

中国版本图书馆CIP数据核字(2022)第163311号

于漪——在讲台上用生命歌唱

解旭华　著

责任编辑：陈三霞　刘海湘
责任校对：张琦峰　李姝依
装帧设计：严　冬　　美术编辑：高春雷
出版发行：党建读物出版社　接力出版社
地　　址：北京市西城区西长安街80号东楼（邮编：100815）
　　　　　广西南宁市园湖南路9号（邮编：530022）
网　　址：http://www.djcb71.com　http://www.jielibj.com
电　　话：010-65547970/7621
经　　销：新华书店
印　　刷：北京科信印刷有限公司
2022年12月第1版　2022年12月第1次印刷
787毫米×1092毫米　32开本　4.875印张　80千字
印数：00 001—10 000册　定价：25.00元

本社版图书如有印装错误，我社负责调换（电话：010-65547970/7621）

目录

写给小读者的话 · · · · · · · · · · · · · 1

童年不识愁滋味 · · · · · · · · · · · · · 1

最后一课 · · · · · · · · · · · · · · · · · · · 7

天塌下来了 · · · · · · · · · · · · · · · · 17

那些拨动心弦的课 · · · · · · · · · · 27

语文教学的"门"在哪儿 · · · · · · 33

把课教到学生心坎里 · · · · · · · · 41

老师教书"着魔了" · · · · · · · · · 47

发现孩子"独特的琴弦" · · · · · · 53

欢迎语文课上来"将军" · · · · · · 67

"十三点"风波·····················75

班里来了"超级捣蛋王"··········83

有让人喜欢的作文课吗?·········93

特级教师的烦恼················103

天哪,一所乱学校!·············113

从教师到人民教育家···········125

世代书香育桃李················135

写给小读者的话

有一位语文老师，现在已经九十多岁了。她的名字，吸引了几代人的关注。人们关注她激情洋溢、生动活泼的课堂教学风格，关注她为人师表的高尚品德，关注她像珍珠一样焕发光彩的教育思想，关注她争的那口气——中国教育要有自己的话语权……她就是"人民教育家"于漪。

一九五一年，二十二岁的于漪第一次站上讲台，她梳着两根麻花辫，挺拔地站着，就像一棵小杉树。她着装朴素，一双眼睛细细弯弯的，温柔的眼神中闪烁着青春和智慧的光彩。她的眉毛也细细弯弯的，却透着一股飞扬的英气。随着一声清脆的"上课"，于漪开始了她的教书生涯。她越教越投入，越教越痴迷，不知不觉就教了一辈子。"一生只为一事来",于漪把教书这件事刻在了骨子里,融进了血液里,化成了生命的歌唱。

有一次,九十多岁的于漪刚刚给青年教师们讲完课,略显疲惫地坐在讲台旁的椅子上休息。突然,她的眼睛一亮,猛地一下站起来:"不得了了,来了这么多同学啊!"原来,当年她教过的几位学生专程赶过来看望她。他们兴奋地拥到于漪身边。于漪像个孩子一样笑着,与昔日的学生抱作一团。

那一刻,这些头发有些花白的学生仿佛又回到了少年时代;那一刻,于漪仿佛回到了当年沸腾的课堂。从二十二岁到九十多岁,于漪站在讲台上,用生命为她心爱的学生倾情歌唱,不知点燃了多少学生心中的明灯,为多少学生的青春留下了斑斓又厚重的色彩。

让我们循着于漪的足迹,走近这位魅力四射的语文老师,走近这位普通又伟大的"人民教育家"。

童年不识愁滋味

一九二九年，于漪出生在王安石的诗句"春风又绿江南岸"描述的地方——江苏镇江。江南秀美的山山水水滋养着于漪一天天长大，她长得眉清目秀。

于漪的父亲做小生意维持一家老小的生计。虽然家境并不富裕，但于漪的童年是那般欢乐，无忧无虑。草长莺飞的阳春三月，大片大片金黄色的油菜花把香气散向四面八方，小于漪一头扑进大自然的山光水色中，奔跑、跳跃、嬉戏、捉蝴蝶……好一幅"儿童急走追黄蝶，飞入菜花无处寻"的画面！

于漪住的那间小屋里挂着一幅山水画。她从屋里进进出出，一天少说也要看三四次，早晨看，晚上看，越看越喜欢。有时看着看着不觉入了神，似乎自己进入那画中去了，徜徉于山水之间，好不自在！

于漪自幼好奇心强，思维活跃，爱读书。家中有一部破旧的《评注图像水浒传》，于漪看到就像见了宝贝一般。她一打开，就被书里一幅幅惟妙惟肖的插图吸引住了。梁山雄伟险峻，水泊烟波浩渺，还有无边无际的芦苇荡……幼小的于漪读着梁山好汉的故事，把发生在梁山的故事想象成发生在自己家乡长江边的焦山一带，好像亲眼看见何涛、黄安率领的官军在茫茫荡荡的焦山下溃败，在芦苇丛中狼狈逃窜的情景，真是大快人心！于漪在想象的王国里纵横驰骋，读故事时似有身临其境之感，感觉所有的人物如此生动鲜活。

梁山一百零八位英雄好汉，性格各异，个个一身本领，疾恶如仇，包打天下不平事。于漪最喜欢武松，读到武松景阳冈打虎、醉打蒋门神，于漪拍手叫好，直呼"痛快"。对林冲这个人物，于漪又怜又怨。林冲身为堂堂八十万禁军枪棒教头，武功高强，却被高俅、陆谦一再陷害。于漪怨他早该抗争，一再委曲求全、窝窝囊囊干什么……幼时阅读的英雄故事在于漪心中留下了深刻的烙印。大概无形中受到英雄们雷厉风行、疾恶如仇性格的熏陶，长大后，她胸襟开阔、爱憎分明、坚忍勇敢，颇有一股"女侠"的风范。

　　于漪童年生活的乐趣，多来自读书。家里的一本《千家诗》，别人看不上，她却沉醉其中，视若至宝。一年之中，风光流转，四季更迭，《千家诗》以春夏秋冬四季为顺序，展开了大地山川的万千气象。写景物的诗，不像有趣的故事那么吸引孩子，但于漪极为喜爱。春天时，大地一片春意盎然，花儿争相开放，正是"万紫千红总是春"。盛夏之日，烈日炎炎，树木繁茂，红艳艳的石榴花如火如荼地盛开着，正是"绿树阴浓夏日长""五月榴花照眼明"。夏日离去，蝉鸣声销声匿迹，深秋来临，霜神青女和月中嫦娥却不怕寒冷，争艳斗俏，正是"青女素娥俱耐冷，月中霜里斗婵娟"……读着读着，于漪沉醉在诗意中，再抬眼看日常的生活，似乎也都被涂上了绚丽的色彩——"红紫芳菲""橙黄橘绿"。

书不仅编织了于漪生活的美好，还让她的思维更敏捷。读到"百般红紫斗芳菲"，她感到有些奇怪，歪起小脑袋问大人："'红'和'紫'怎么斗呢？"读到"一年好景君须记，最是橙黄橘绿时"，她又纳闷："橘子也是'黄'的，怎么是'绿'的啊？"大人们常被这个眼睛亮闪闪的孩子追着问，有时候他们也答不上来。

于漪徜徉在家乡美丽的山山水水间，徜徉在古代英雄人物起起伏伏、快意恩仇的人生中，徜徉在诗歌所描写的大好河山的优美意境里……她细细密密地感受着这一切，生命的根也慢慢扎进了传统文化的丰厚土壤中。

上小学时，于漪就读于薛家巷小学。一年级的赵老师指导同学们读书、写字。第一次拿起描红本时，于漪只觉得一颗心扑通扑通跳得厉害。她端详着一个个方块字，把它们想象成一幅幅画。多么神奇呀！这些字有的胖，有的瘦，有的像长了翅膀要飞，有的四脚稳稳地站着。于漪拿起笔来要写，赵老师笑着制止了她。

"不要急着写,先磨墨。看,墨要这样轻轻地磨才匀,写出来的字才好看。"

"小心不要把墨溅得到处都是。"

"如果手上沾了墨,洗干净后才可以写。"

没想到写字还有这么多规矩。于漪耐下性子来,在赵老师的循循善诱下开始学习写字。

孩子们把描红本交上去,几乎个个是"大花脸"。赵老师并没有责怪学生,只是说:"不要着急,这样一笔一笔慢慢写。"一边说,一边写给孩子们看。

于漪按赵老师教的那样,一板一眼地把墨磨好,用一个空心的长方形铜镇纸压住纸边,身体坐得笔直,然后拿起毛笔,一笔一画地临摹着描红本上的汉字。

写完一张,于漪的脑门儿上居然沁出细细的汗珠。可是看着写满黑字的描红本,于漪心里美滋滋的。

赵老师也夸于漪写得好:"你拿起来,对着阳光看一看,这字写得多漂亮啊!"

于漪拿起写满字的描红纸，对着窗外的太阳看去。真神奇！阳光一照，飘着墨香的黑字镶上了阳光的红边，好看极了！原来汉字这么美，于漪心里对汉字的爱和敬畏感油然而生。

有一次，一向温和的赵老师发了大脾气。起因是一个男孩抓着笔在自己的描红本上一通乱画，好好的本子被他画得脏兮兮的。他把画坏了的本子揉得皱巴巴的，自己还嘿嘿直乐。

赵老师慈祥的脸庞板了起来。她训斥了这个男孩，还拿出戒尺，啪啪打了他的手心两下。男孩咬着嘴唇憋着，没敢哭出声来。大家都被吓得不敢出声。

这一次语文课，让于漪明白学习是严肃的事情，不能调皮捣蛋，态度认真最为重要。这一课深深留在了于漪童年的记忆里。

最后一课

童年像一朵柔嫩美丽的花朵,是一个人一生中最快乐、最无忧无虑的时期。可惜于漪绚烂的童年生活没有持续多久。一九三七年七月七日,日本侵略者悍然发动了卢沟桥事变,中国人民抗日战争全面爆发,于漪童年的快乐被炮火击得粉碎。

随着日本侵略者的铁蹄长驱直入,坏消息一个接一个。

"不好了,上海被日军占领了!"

"日本人沿长江而上,沿途的城市都失守了。"

"咱们镇江也危险呀!离我们越来越近了。"

……

人们惶惶不安,这一天还是来了——于漪的家乡镇江失守了。

一天下午,音乐老师来给于漪所在的班上课。

于漪的音乐老师是一位年轻的男老师,虽然学校里只有一架旧风琴,但老师教会了他们很多经典的歌曲。这位音乐老师曾经激动地教孩子们电影《风云儿女》里的《义勇军进行曲》。"起来!起来!起来!"高昂激越的旋律、催人奋进的歌词让孩子们的感情也沸腾起来。他还教他们《卖报歌》:"啦啦啦,啦啦啦,我是卖报的小行家……"《渔光曲》也是一唱再唱。有歌声的校园,总是格外生机勃勃。

但是这一次气氛很不一样,音乐老师是来上最后一节课的,上完这节课,于漪上的这所小学就要解散了。

孩子们虽然年纪小,但从大人们慌张的神色、欲言又止的行为中,也懵懂地感受到害怕和紧张,似乎有一种大祸临头的感觉,他们不再像以前那样吵吵嚷嚷,教室里出奇地安静。音乐老师的步子是那么沉重,那张平日朝气蓬勃的脸也好像蒙上了一层阴云。

"同学们，今天我教大家唱一首《苏武牧羊》，希望你们学会它，永远记住它。这是我最后一次教你们唱歌，唱完这首歌，学校就要解散了。"听到音乐老师这样说，同学们的心里像堵了一块铅，又闷又沉。

音乐老师缓缓地唱起来："苏武留胡节不辱。雪地又冰天，穷愁十九年。渴饮雪，饥吞毡，牧羊北海边……"虽然曲调温柔敦厚，节拍缓慢，但听起来是那么沉郁悲凉。听着听着，孩子们的心都颤抖起来。唱着唱着，老师的声音也颤抖起来。小孩子还不能完全明白歌词的意思，老师唱一句就解释一句。苏武赤胆忠诚、持节不屈的民族气节深深震撼了孩子们幼小的心灵。

音乐老师说："孩子们，日本侵略者打过来了，学校要解散了。虽然你们不能再来学校了，但是一定要牢牢记住自己是中国人，一定不要做亡国奴啊！"他悲伤而激动，说了很多很多……教室里鸦雀无声，孩子们仰起稚气的小脸，瞪大眼睛，屏息凝神地看着他们的老师。"节不辱""亡国奴"这些词语第一次闯进孩子们的心中，他们似乎一下子长大了许多。

音乐老师教的《苏武牧羊》将爱国的种子种在了于漪幼小的心里，时时激荡着于漪的内心。许多年过去了，当时的场景依然历历在目。年轻的音乐老师眼里含着热泪一句一句教孩子们唱歌的情景融为了于漪生命的一部分。长大后，做了老师的于漪深刻地感受到，当时中华民族到了最危险的时候，老师是用"心"在歌唱，用"心"在唤起孩子们幼小心灵的觉醒。

童年的欢快就这样消散了。

以前在田野里嬉戏，跟小伙伴捉迷藏、跳房子、踢毽子……每一次都是玩到酣畅淋漓，一直到家家户户的炊烟袅袅升起，妈妈呼唤孩儿回家的声音此起彼伏，孩子们才余兴未尽、满头大汗地跑回家。

如今，大人们都铁青着脸，脸上乌云密布似的喊孩子。孩子们在旁边闹哄哄地玩，大人们心烦地大声嚷："现在是什么时候？兵荒马乱的！"

"不要闹了！"

"回家！赶紧回家！"

……

于漪和伙伴们也没了玩耍的兴致。更何况，日本人的轰炸机常常在头顶上盘旋，时不时有警报声响起，孩子们的心都慌起来。

一天下午，阳光灿烂。于漪正和几个小伙伴在家门口玩，突然，呜——呜——防空警报凄厉地响起来。阳光瞬间被几架轰炸机挡住了，在地面投下阴沉沉的黑影。不好，敌人的飞机又来了，快跑！小伙伴们惊叫着四散奔逃，纷纷跑回家，看见能藏身的地方就钻，桌子下、床底下……

轰隆轰隆声惊天动地，敌机投下的炸弹就在不远的地方爆炸，于漪家的房瓦被震得簌簌往下掉土。于漪和弟弟妹妹们躲在桌子下，吓得抱成一团，又哭又叫。

轰炸过去后，于漪的父亲慌慌张张地跑回家，脸色煞白。刚才，他来不及回家，就在外面躲避。他亲眼看见日军的轰炸机低飞呼啸而过，投下炸弹。炸弹就在距离于漪家不到二十米的地方爆炸，邻居夏家的房子不幸被炸弹击中，顿时变成一片火海。可怜夏家一个人都没有逃出来，一家老小全都葬身火海。

谁都不知道接下来还会发生什么，如果再来几架轰炸机……父亲眉头紧锁，当机立断："不能在这里再待下去了。快！收拾东西，我们到乡下去避一避。"

就这样，父亲带着一家老小，逃往乡下新洲。新洲与镇江有一水之隔，需要坐渡船才能过去。可是逃难的人太多了，人们都挤挤攘攘地拥向江边。无奈渡船很小，也不能一下子把这么多人都渡过去。谁都想快点离开这个危机四伏的地方，谁都想早点上船。人群骚乱起来，喊啊，叫啊，哭啊！慌乱中，于漪好几次被撞倒。她只好抱住母亲的腿，睁大眼睛惊恐地看着这凄惨的景象，不敢吱声。

幸运的是，于漪一家终于上船了。哗啦！哗啦！船桨拨碎了倒映在水面的天空。于漪眼前的景象晃晃悠悠起来，家乡镇江的影子在江对岸慢慢远去。

下了船，还要走很远的路。于漪心里既紧张又害怕，加上路途颠簸，心里更难受了。于漪和弟弟妹妹们紧赶慢赶，高一脚，低一脚，还是被大人们催着"快点，快点"。于漪都抬不动腿了，她多想让大人背一会儿啊！可是看了一眼父亲，父亲肩上扛着铺盖；看了一眼母亲，母亲背着幼小的弟弟。其他的大人不是提着包袱，就是拿着箱子，个个蓬头垢面，累得气喘吁吁。于漪忍住不让眼泪掉下来，咬着牙继续挪动步子。

不知走了多久，天快全黑的时候，总算看到了一户农舍漏出几点微弱的灯光，有个老太太提了一盏油灯正往外走。又累又饿的于漪激动起来，她撒腿便往门里跑，不料扑通一声摔在地上，下巴磕在了破砖上。一阵钻心的疼痛使于漪大哭起来。父亲赶紧丢下铺盖，跑过来抱起于漪。于漪下巴上的血直往外冒。情急之下，父亲只好到灶膛里抓了一把草灰按压住伤口止血。父亲告诉于漪，可不能哭，一哭血就止不住了。

疼，还不能哭，不逃难就不会跌这个倒霉的跤，这都是日本鬼子害的！于漪愤愤地想。直到长大了，于漪的下巴上还有一道淡淡的疤痕。

到乡下不久，母亲染上了伤寒，卧床不起。那时候，伤寒是重病，农村又缺医少药，父亲整日愁容满面。母亲一病倒，孩子们几乎无人看管。八九岁的于漪是老大，下面还有弟弟妹妹，她理所当然地担当起了带小弟弟的责任。一两岁的小弟，天天挂在于漪的脖子上。太阳底下，一群孩子在打谷场上奔跑、打闹，只有于漪一个人抱着弟弟坐在旁边的小板凳上眼馋地看着。于漪和他们的年龄差不多大，却不能一起去玩。

有一天，于漪看小伙伴们玩正看得出神，恨不得也能跑过去野一把，一不留神，咚的一声，小弟弟摔在了地上，大哭起来。父亲闻声赶来，狠狠地打了于漪一顿。于漪心里委屈，她多想像其他孩子那样玩呀！可心里还是知道错了，再想玩，也不能把弟弟给摔了啊！

母亲病重，连话都快说不出来了，但每天早晨起来都不忘嘱咐于漪："你是姐姐，要懂事，要听话，帮父亲干活儿。"于漪心疼母亲，每次听到母亲这样说，都会忍住委屈，一个"不"字也没说。

好在母亲的病情终于有了好转，能下地走动

了。这对于漪一家人来说是大喜事。

谁知有一天，有一二十人突然闯到村子里。他们穿着扎脚裤，手里提着明晃晃的刀，凶神恶煞一般。

"强盗来了——"

"土匪来了——"

在外面玩的孩子们乱喊乱叫，吓得各自跑回家。只听外面鸡鸣狗叫，哭喊声一片，足足折腾了几个小时。后来听说，好几户人家遭了劫，有个大户人家的孙子还被掳走了。

显然，乡下也不是世外桃源。后来又听说日本鬼子要扫荡农村。

这可如何是好？父亲决定另谋生路，又带着一家老小悄悄返回镇江。兵荒马乱中，折腾了两年，于漪和大弟弟几乎没怎么上学。

后来，父亲带一家人辗转到上海，租借亲戚家的一间小房子暂且安身，于漪插班读上海的小学。

国土被践踏，百姓颠沛流离，性命尚且难保，日子过得愈加艰难。这给于漪上了一堂难以忘怀的社会现实教育课——没有国就没有家。

天塌下来了

于漪上初中的时候,一开始学习不怎么用功。她喜欢读小说,上课的时候经常带两本书,一本教科书,一本小说。上课的时候,教科书放在上面,小说放在下面。老师教得好,就认真听;教得无趣,就偷偷看小说。可是这个小伎俩在初二语文老师的课堂上并没有机会使出来。

于漪上初二时,语文老师姓黄。那时黄老师刚刚大学毕业,戴着一副金丝边眼镜,穿一身飘逸的长衫,脚蹬皮鞋,笔挺的西装裤脚露在优雅的长衫外面,整个人风度儒雅又青春洋溢。黄老师上课绘声绘色,全情投入。他讲鲁迅的《故乡》,生动地还原了月下瓜田里少年闰土手持钢叉刺猹的场景,于漪和同学们听得入了迷，哪里还有心思读藏在教科书底下的小说？

黄老师讲解着："在月光的照耀下，钢叉闪闪发光，与少年闰土脖子上的银项圈的光，交相辉映。"听黄老师说到"交相辉映"时，于漪眼前一亮，"月光""钢叉""银项圈"都在眼前闪过，仿佛在那个美好的夏夜，她就在旁边亲眼看到了这一切。

说到中年闰土时，黄老师哽咽了："那是怎样一个苦命人的形象啊！泥塑木雕一般，生气全无，原本红活圆实的手而今像松树皮一样皲裂，我似乎看到他手上的裂口在往外渗血……"于漪被深深感动了，她不敢抬头看老师，怕看到老师流下眼泪。

接着，黄老师平复了一下自己的情绪，从讲台中央踱到边上站住，拿起粉笔，在黑板上总结少年闰土和中年闰土为什么判若两人。黄老师分析得头头是道，同学们都犹如醍醐灌顶。

黄老师的语文课深深吸引着于漪，感动着于漪。用不着老师批评，于漪主动就把教科书底下的小说收起来，每次语文课，她都凝神细听、专心致志。黄老师每次讲课都全身心地投入，与课文中的人物同喜同悲。黄老师讲课时的眼神、手势经常浮现在于漪眼前，语调也时常萦绕在于漪耳边。可能在那时，教师的形象就已经深入于漪内心，不知不觉，她把教师看成是了不起的职业。

黄老师上课的魅力不仅在课堂上，还在课外。十三四岁的孩子还不怎么懂事，难免会调皮捣蛋，但黄老师是那么喜欢孩子。下了课，他并不匆忙离开教室，总会和学生聊聊天，今天跟这几个聊一聊，明天跟那几个聊一聊。聊得最多的就是课外书。

"你们读过刘延陵的新诗《水手》吗？"

"没读过。"

黄老师就情不自禁地朗诵起来："……他怕见月儿眨眼，海儿掀浪，引他看水天接处的故乡。但他却想到了石榴花开得鲜明的井旁，那人儿正架竹子，晒她的青布衣裳。"

黄老师讲得兴起，又朗诵起课上教的田汉的《南归》："模糊的村庄已在面前／礼拜堂的塔尖高耸昂然／依稀是十年前的园柳／屋顶上寂寞地飘着炊烟。"黄老师进入了角色，眼睛里荡漾着深深的感动，闪烁着光芒，那种对文学的热爱震撼了于漪，以至于于漪以后当了老师，也常常回味黄老师的"一招一式"，揣摩着教学的深意，思索着怎样做才是一个好老师。

一九四四年，于漪初中毕业了。这年夏天，酷暑难耐。于漪的父亲一病不起，这一次，竟是永别。临终之前，父亲把几个孩子叫到跟前，用尽最后的力气，吃力地说："学点本领，做个好人，孝顺妈妈。"说完，无力地摆摆手，让孩子们走开。他得的是肺结核，怕传染给孩子们。

可怜父亲仅三十多岁，便撒手人寰，最小的女儿才一岁。父亲携带一家逃难期间，虽然间或做点小生意，收入不多，家境清苦，但终究是顶梁柱，扛着这个家。母亲不识几个字，勉强能写封简单的书信。父亲这一走，留下了五个孩子，祖父白发人送黑发人。这老的老，小的小，以后的日子可怎么过！本就贫寒的家更是雪上加霜。

给父亲草草办完了丧事，于漪姐弟五人跟着母亲号啕大哭。母亲茫然地看着他们，目光呆滞。真是——天塌下来了!

于漪猝不及防地遭受了命运的这一记重击。那时她才十五岁,还是个半大的孩子,刚刚初中毕业,是继续上学,还是帮衬家里?这成为家里要讨论的重大事情。

祖父沉默了半晌,说:"家里这么困难,一个女孩子,还上什么学?有点文化就可以了,反正将来都是人家的人。"

祖父的话给于漪泼了一盆冷水,她心惊胆战地看向母亲。母亲虽然不敢顶撞祖父,但还是说:"让于漪再读几年吧,别像我,什么都不懂,家里的生计全指望她父亲一人。"母亲顿了顿又说,"好好读书,将来能养活自己,给弟弟妹妹也做个榜样。"

祖父紧皱着眉头。

母亲继续劝说着:"于漪才十五岁,能干什么活儿?咱们也没有什么门路,她没有伯伯、叔叔、姨妈,就一个舅舅也早已离世。"母亲说到这里,于漪上前拉住祖父,哀求着要读书。

祖父拗不过于漪,又加上于漪母亲的反复劝

说，总算松了口："好吧，只要家里不负担，可以继续读书。"

天无绝人之路，正好江苏教育学院附属师范学校到镇江招考新生，虽然招生的人数很少，但是幸运的是，于漪被录取了。不仅不用交学费，连生活费也给全包了。太好了！祖父说的条件满足了，不仅可以继续求学，还能为家里节省不少开销。于漪开心得要跳起来，兴奋极了。她从心底里感谢母亲。

和于漪的反应不同，母亲忧心忡忡。女儿能上学本来是好事，但她一点儿也高兴不起来，反而长吁短叹："一个女儿家，只身赴苏州求学，举目无亲……"母亲又为于漪担心起来。

临行前，母亲含着眼泪，反反复复地嘱咐于漪："要活，就要靠自己努力，自己吃苦；凡事都要动脑子想想，要自己管住自己，不能心血来潮；要尊敬老师，友爱同学，做人要有德行，宁可苦了自己，也不能亏待他人……"母亲说的字字句句，一一刻在于漪心底。

深知求学机会来之不易，于漪倍加珍惜，格外刻苦。奋斗，只有奋斗才能生存，只有奋斗才能改变命运。家庭的变故并没有压垮于漪，反而激发了她的斗志，改变孤儿寡母的凄苦命运成为于漪前进的动力。

在苏州读了一年师范学校，一九四五年，学校要调整，于漪又回到家乡。

正好省立淮安中学在镇江临时复校，于漪和大弟考取了这所学校。学校在城东，于漪家在城西。每天天不亮，于漪和大弟就出门去上学，走十几里路才能到学校。除了书包，他们还拎着一个饭盒，饭盒里是前一天晚上母亲做好的饭，上面放点咸菜或萝卜干。遇着坏天气，顶风冒雨，人走起路来就像拉车一样辛苦。即便如此，于漪和大弟也没有缺过一节课。晚上很晚了，于漪还点着煤油灯在做功课。有时候太困了，上下眼皮直打架，于漪想，如果有个小棍能把眼皮撑起来就好了。功课多，做不完怎么办？于漪就用冷水洗脸，强迫自己清醒清醒。

可惜在淮安中学才读了半年，学校又要从镇江迁回到淮安，于漪又不能上学了。求学之路如此一波三折。一九四六年二月，镇江中学复校，于漪报考，榜上有名，于漪得以继续读高二下学期。

学校虽然在镇江，让于漪有机会继续读书，但远在郊区，离市里几十里路，于漪只好住学校宿舍。

那里的住宿条件非常艰苦。别说电灯和自来水了，连一张桌子也没有，板凳也是没有的。学生们的洗脸盆、漱口杯都放在泥地上。宿舍里没有单人床，只有用木板铺成的通铺，十名女同学，一人一张小席子，分成两排，挤在通铺上睡觉。夜里翻身都要谨慎，一不小心就会碰到别人。

通铺上有蚂蚁爬是常事，蟑螂也时常光顾。梅雨季节来临时，宿舍又闷又潮，真会出现杜甫《秋述》中"多雨生鱼，青苔及榻"的情况。天气酷热，各种虫子纷纷来示威。

一天晚上，于漪回宿舍脱鞋上通铺，一脚踩在一条蜈蚣上，被狠狠咬了一下，脚立刻肿了起来。同学赶紧去找管宿舍的老师，可是老师也没有药。大家正焦急万分时，突然有个同学灵机一动："鸡和蜈蚣是死对头，鸡不是吃蜈蚣吗？听说只要把鸡嘴里的口水滴到蜈蚣咬的伤口上就能消肿止痛。"

"这能行吗？"

"行不行的，也没有别的办法了。试试吧！"

"后面厨房里帮厨养了只鸡。"

大家七嘴八舌地说着。几个同学半抬半拖着于漪到帮厨家敲门。胆大的同学把鸡从鸡窝里抓出来，硬把鸡的嘴掰开，把鸡的口水涂在于漪的脚被咬的地方。校园里没有灯，黑灯瞎火的，人喊鸡叫，折腾得人仰马翻。

也不知到底是什么起了作用，过了几天，于漪的脚慢慢消了肿。同学们的热情与义气，让于漪心里暖暖的。

晚自习时，两个同学共用课桌上的一盏油灯。每张桌上的油灯大小不尽相同，高高低低，但都在正中央，排列整齐。于漪他们这些年轻的学生，竟不觉得苦，远远望去，星星点点，真有"夜深千帐灯"的味道。

那些拨动心弦的课

在镇江中学学习的时候,虽然生活上一无所有,但是在这艰苦的环境中求学,有几位老师的课讲得十分精彩,他们成为于漪一生铭记的好老师。

教语文的赵继武老师可真是奇怪,他上课的时候,不拿备课讲义,甚至连课本也不带,也不讲究什么方法,眼睛不是盯着天花板,就是看向窗外,压根儿就不看学生一眼。可赵老师身上就像有什么魔力似的,大家都全神贯注,睁大眼睛盯着他,唯恐漏掉他说的每一个字。原来,这赵老师满腹学问、一身本领,是国学大师黄侃的弟子。他教李密的《陈情表》时,没有讲义,逐字逐句讲解,如数家珍,那文章就像刻在他脑子里。上课时需要什么，信手拈来。

讲到"茕茕子立"中的"茕"时，赵老师说："这个字和'贫穷'的'穷'一个读音，大家要看清楚，下面不是一撇，是一竖，笔直笔直的。"然后他在黑板上写一个大大的"茕"字，接着说，"记得，再穷脊梁骨也要硬。"赵老师教的是字形、字音，撒播的是做人的道理。于漪佩服得不得了。

赵老师教诗词更是一绝，不同风格的诗词到了他那里，都会被吟诵得令人拍案叫绝。赵老师的家乡话十分悦耳，抑扬顿挫，富有音乐性。赵老师用家乡话吟诵诗词，颇具古风和歌唱的韵味。他吟诵李煜的《虞美人·春花秋月何时了》："春花秋月何时了，往事知多少。小楼昨夜又东风，故国不堪回首月明中……"故国之思、凄楚的愁绪全在那音调中，听得学生们心里一片愁思。

吟诵辛弃疾的《南乡子·登京口北固亭有怀》时，腔调陡然一变："何处望神州？满眼风光北固楼。千古兴亡多少事？悠悠。不尽长江滚滚流。"赵老师一边慷慨激昂地吟诵，一边摇晃着头和肩膀。学生们全都沉浸在诗词的意境中，爱国之情也从心底油然而生。

北固亭在北固山上，北固山就在于漪的家乡镇江。寒暑假时，于漪必会邀上三五好友去北固山一游。其实北固山从海拔和知名度来看，并不是什么名山大川，甚至可以说不过是一座小山丘，可是诗词的传诵赋予了北固山深厚的人文底蕴。每当于漪站在北固山山顶，遥望滚滚长江，回顾历史风云，赵老师的吟诵声就会激荡在心间，令她感慨不已。身临其境般的感动、忧国忧民的情怀，让于漪从此深深爱上了辛弃疾的诗词。

每当这时，于漪就会想到镇江中学的校训——一切为民族。"求学为什么？从愚昧走向文明，要立志解救苦难的民族于水深火热之中……"老师的谆谆教导回响在耳边，一遍遍诠释着校训的含义。"一切为民族"这五个大字镌刻在于漪心中，为她将来踏上教师岗位，献身教育事业，铸成了师魂的根基。

另一位让于漪难以忘怀的老师是数学老师毛老师。毛老师上课用英语教原版《代数》，深得学生的敬仰。他平时不苟言笑，表情严肃，但课教得真好。什么叫"思维敏捷""语言简练""推理严密"？什么叫"要言不烦""一语破的"？他的数学课就是样板。于漪觉得非常神奇，听毛老师的课，他的话语就像钉子一般能一颗颗敲到她的心里，解题的逻辑顺序清楚明白、纹丝不乱。毛老师也教几何，他画坐标轴不用直尺就画得笔直，画几何图形时也不用圆规和三角尺，赤手空拳就能画得很标准。这种过硬的基本功一下子就把学生镇住了。

令于漪铭刻在心的不仅是毛老师一身教书的本领，还有毛老师让她大哭一场的批评。

那是一次期中数学考试，于漪的同桌惴惴不安，因为她的数学已经几次不及格了。"于漪，这次考试可拜托你了，求求你这次帮帮我，我可不能再不及格了。"

"行，没问题。"于漪满口答应了。同桌有求于自己，这可得讲讲义气，帮帮同桌。

考试时，于漪悄悄把写着答案的小纸条递向同桌……突然，一只大手一把抓走了纸条。是毛老师！作弊被抓了个现行，于漪和同桌都被吓坏了。等到试卷发下来，于漪和她同桌的试卷上都写了大大的"0"。

"对不起，于漪，都是我连累你了。"同桌很惭愧。

于漪真是哑巴吃黄连，有苦说不出，只能自认倒霉。

没想到，这次考试毛老师给判了零分还不罢休，还把于漪叫到办公室狠狠批评了一顿。

最后，毛老师说："你这是帮助同学吗？歪门邪道！她有困难，你可以跟她一起学习，讲给她听，她也可以来问我。你这种投机取巧、不诚实的方法，不是帮她，是害她，你知道吗？"

于漪哇的一声大哭起来，这件事她记了一辈子。毛老师的这次批评，让于漪深深感到，老师关心学生并不只是关心学习，还关心做人。从此，于漪做事总要多想一想，自己是否"老老实实"，是否想"投机取巧"。

一九四七年，十八岁的于漪高中毕业，怀着对教师职业的憧憬，她报考了上海复旦大学教育系，当年，一万两千名考生报考复旦大学，于漪幸运地成为被录取的五百名学生之一。

大学里，于漪碰到了许多"大先生"。教语文的方令孺教授，教中国通史的周予同教授，教世界教育史的曹孚教授……这些老师独特的教学气质、精彩的教学内容，滋养着于漪求知若渴的心灵。

在于漪的童年、少年、青年生活里，不知不觉中，一位位优秀的老师成为于漪的偶像。于漪被他们的教学魅力深深吸引着，潜移默化地被高尚的师风、师德影响着。他们教书时情不自禁表现出来的忧国忧民的情怀，传道授业时鞭辟入里的分析，一身正气的形象……这些言传身教，为于漪树立了求学、做人和后来教书的榜样，深深地影响着于漪，令她对老师肃然起敬，内心不由自主地升腾起当一个好老师的强烈愿望。于漪后来成为特级教师，成为教育家，与这些"学高德馨育人，烛火丹心为国"的好老师有着千丝万缕的关系。

语文教学的"门"在哪儿

　　于漪对教育事业一往情深。她梦寐以求当一名好老师，在学生心中播撒知识的种子、做人的良知和金色的希望。

　　一九五一年夏天，于漪大学毕业后，被分配到上海工农速成中学，教文化班。二十二岁的于漪如愿以偿，成为一名教师。那时她像一艘鼓满风帆的小船，满怀热情与希望驶向教育的广阔大海。

　　初登讲台的于漪正准备大干一番，却没想到病痛接踵而至。也许是青少年时的艰苦生活没有打好身体的底子，于漪先是染上了胃溃疡，严重到吐血、便血，无法正常工作。后来祸不单行，胃溃疡还没好利索，她又患上肝炎，成了重症病号。病痛的折磨让于漪痛苦不堪，她万万没想到，踏上工作岗位的第一课竟是疾病的磨炼。

病情时好时坏，于漪与病魔进行着不屈不挠的拉锯战。最后，她心一横：生死就那么回事，无论遇到什么挫折，不能张皇失措，更不能精神崩溃，只要有一线希望，就要一步一步努力往前走，剩下的顺其自然。这样想着，在病痛中，于漪没有倒下，反而锻炼了意志和韧性，学会了坦然面对世事。

一九五八年初，于漪被调到上海第二师范学校教书。副校长说，学校最缺的是历史老师，历史课都安排好了，就等老师到位。于是读教育专业的于漪拖着大病初愈的身体教起了历史。虽然不是学历史专业的，但于漪对历史有些兴趣，于是边教边学，边学边教。就在于漪对历史教学初窥门径的时候，又有一个新的任务在等待她。

一九五九年，学校党支部书记找到于漪，说："语文组的老师都上了年纪，学校决定让你教语文。"

于漪曾经为少年儿童写过两本历史小故事集，一本是《春秋战国的故事》，另一本是《明清的故事》，教历史还算有一点儿基础，但如果教语文，于漪心里有点打鼓。

她对校长说："校长，我不是学中文的，教语文有困难。"

校长说："你不是大学毕业的吗？"

于漪踌躇道："可是隔行如隔山啊！"

校长简短地说："工作需要。"

一句"工作需要"，短短两分钟的谈话，让于漪从教历史改行到了教语文。

学校安排于漪教高二的语文。于漪拿起教材准备备课，那一篇篇课文篇幅长内容又深，真是"老虎吃天——无从下口"。看着别的老教师拈起两根粉笔，用胳膊把语文书一夹，轻轻松松就去上课了，于漪真是打心眼儿里羡慕。怎么办？于漪以往在生活中磨炼出来的意志和韧性起了作用：那就咬牙从头学起！

于漪那时候没学过拼音，连"bpmf"都不认识，那就从"bpmf"开始学汉语拼音。英语语法于漪粗略学过，现代汉语的语法没有系统学过，那就用双倍，甚至数倍的时间来学习。从拼音、语法、修辞、逻辑，再到中外文学史，于漪一一补起来，中外文学名著一本一本地读起来。

于漪学得十分刻苦，那时她晚上下班后，九点以前备课、批改作文，九点以后学习，咬着牙学。每天，灯光都要陪伴于漪到半夜。就这样，于漪一点一滴打着中文的底子，积累着站上语文讲堂的勇气。

那个年代，没有教学参考书，备课全靠个人的钻研和领悟。为了备好一节语文课，于漪常常花十个、二十个小时，甚至更多的时间。功夫不负有心人，经过学习的积累，经过对上百篇教案的独立钻研，于漪拿到一篇课文，逐渐有了庖丁解牛的感觉：对于作者的写作思路，写作的来龙去脉，语言文字的运用，于漪有了自己的判断。

于漪特别想向高明的老师请教，可不得到许可，不能随便进别人的课堂听课。当时，年轻的于漪最大的愿望就是能听老教研组长徐老师的课。

这位老组长不仅课教得好，还琴棋书画无所不通，写得一手好字，棱是棱，角是角，很有骨力。于漪央求了老组长好几次，希望能听他一节课。可是老先生总是摇摇头，不吭声。正面恳求没有用，于漪就想到了以诚感人。每天，于漪一大早就起床，总是第一个到办公室。打水、扫地、擦桌子，办公室的活儿她一个人全包了，想感动老组长。可是，一点儿作用也没有。于漪去求："徐老师，让我听您一节课好不好？"老组长愣是不为所动，一次都没应允。

可有一天，老组长却突然去听于漪的课。

于漪推开教室的门，看到老组长坐在最后一排椅子上，表情严肃。于漪一点儿思想准备也没有，猛然看到老教研组长那张严肃的脸，紧张得腿开始抖起来。俗话说"外行看热闹，内行看门道"，于漪教语文是初来乍到，还不能游刃有余，当然怕别人来听课。可是转念一想，于漪心里又有一丝高兴——老组长肯来听课，那就有得请教了。

于漪定了定神，开始讲起课来。

那天，于漪讲的课文是王愿坚的小说《普通劳动者》。这堂课于漪认认真真备过课，信心还是有的。课文的主要人物是"林将军"和士兵"小李"。于漪教学生做人物分析,一上来就在黑板上写了"林将军"的三个特点,再让学生读课文,"对号入座"。学生们阅读得很认真,于漪自认为讲得很有条理,说得过去。

课后,老组长找于漪谈话。

"板书不错。"

"讲得也很有条理。"

"教学语言也很规范。"

……

于漪正暗自高兴。"但是,"老组长话锋一转,郑重其事地说,"语文教学的大门在哪儿,你还不知道呢!人物形象分析是这样的吗?你这不是贴标签吗?什么热爱劳动、平易近人……"

于漪的脑袋嗡的一下就炸开了,一下子蒙了。等回过神来,她赶紧向老组长请教,这位老组长金口难开,又不吭声了。

从此,老组长再没有跟于漪提起过课该怎么上。老组长平日里少言寡语,大家都怕他,问了几次都碰了一鼻子灰,于漪也不敢再问了。

于漪并没有被老组长的那句:"语文教学的大门在哪儿,你还不知道呢!"击碎信心,相反,这句话鞭策、激励了她一辈子。从这以后,"门"的问题生了根似的驻扎在于漪心中。

"语文教学也有'门'?"

"这个'门'到底在哪里呢?"

"我到底该怎么找这个'门'呢?"

于漪时时刻刻想着这个"门",非要把这个"门"找到不可。

于漪苦苦寻觅着,哪怕"路漫漫其修远兮",她也要找到这个"门"。不仅要找到大门,而且要登堂入室,探寻其中的奥妙。

除了下苦功夫打基础,广泛涉猎,于漪还从记忆中翻找答案。她回想起初中、高中的老师,那些拨动她心弦的课,黄老师讲的《故乡》,赵老师吟诵的诗词又一一浮现在脑海中。他们声情并茂的朗读,旁征博引的议论,还有眼神、语调、动作,像电影一样一幕幕在她脑海中回放。于漪有所顿悟:这就是语文教学的"门"!

把课教到学生心坎里

　　一个学期、两个学期，一年、两年、三年，挑灯夜战、病榻苦读，于漪一边勤勤恳恳地加劲自学教学方法，一边钻研教材。那时候，杂志和书籍没有现在这么多，互联网尚未流行，获取信息远不如现在便捷，但只要看到与教育相关的内容，于漪就会如饥似渴地研读。语文教育的文章她读，其他关于教育的文章她也读，"他山之石，可以攻玉"，踏踏实实下了几年功夫，终于，于漪将教材烂熟于心，语文教学有了总体框架，做到了"胸中有书"。

　　慢慢地，老组长说的那个语文教学的"门"在于漪脑海里，从朦朦胧胧变得越来越清晰。在当时，于漪称得上是一位不错的语文老师，但她并没有就此止步,爱钻研的她隐隐觉得哪里还是有点不对劲。

有一次,于漪教屈原的《离骚》。她花了许多时间查看相关书籍,搜寻参考资料,整理了作品的时代背景,又把屈原的生平、籍贯、出生年月、为官情况、在文学史上的地位理了个清清楚楚,还把《离骚》的表现手法、文学成就以及历朝历代名家对《离骚》的种种看法和评论罗列了一番。

上课的时候,于漪就像一只勤劳的小蜜蜂衔蜜一样,把准备的所有内容一股脑儿地搬到课堂上,力求生动、详尽。内容这么多,她唯恐上课时学生半路提问,或者回答问题啰啰唆唆、读书疙疙瘩瘩,打乱教学计划,因此把上课讲什么、问什么、板书怎么写、学生练什么等,都一一做好安排,自己一竿子到底,全部包办。

就这样,《离骚》讲完了,于漪也累得筋疲力尽。

但是效果如何?于漪的了不起,就在于她不仅勤奋,还善于反思,肯倾听别人的意见。

在学生座谈会上,于漪问学生们:"你们觉得最近课上得怎么样啊？"

哇，这一下，可打开了学生的话匣子。他们你一句，我一句，七嘴八舌说起来。

有的学生说："老师讲的课，我们课上清楚，课下糊涂。"

有的学生说："奇怪，有些课文，我们自己看看读读反倒好懂，老师讲了以后，反而觉得课文高深了，听不懂了，不知道怎么学才好。"

有的学生说："老师，你讲课时，我们懂的你反复讲，我们不懂的你又不讲。"

甚至有个学生说："老师讲得很好，我自己学不到。"还不好意思地吐了吐舌头说，"老师聪明，有学问。我笨，不行。"

面对和蔼可亲的老师，天真可爱的学生们纷纷吐露真情，这让于漪既高兴又难过。自己准备得这么充分，讲得这么辛苦，学生们怎么吸收得这么少呢？一个又一个的问号，在她脑海里汇集成一个大大的问号。

于漪懊恼不已，先从自己的教学上找原因。在二十世纪六十年代，于漪的教学中规中矩。但于漪不满足，偏要给自己出难题，决心改革教学方法，把课真正教到学生心坎里去。

于漪一直琢磨：为什么力气花得不少，收效反而不大呢？

原来是自己教学时总有个想法在作怪：多教一点儿，再多教一点儿，让学生多学一点儿。讲的时候哪一点儿都舍不得丢弃，于是把课上成了炒什锦、大杂烩、八宝粥，颜色丰富，营养似乎也不错，但学生"吃不了，有些吃进去的消化不了"。

怪不得有些学生犯了糊涂："一节课这么多内容，天哪！我到底应该学什么？"这么"唱独角戏"上课真是一厢情愿，"目中无人"，忽视了学生主动学习的积极性。

于漪越发觉得教师如果只管教，盲目地将知识塞给学生，那就只是个教书匠。教学是为了培养人才，"教"要在学生身上起作用。教材和学生，犹如"箭"和"靶子"，不看准靶子射箭，就是无的放矢，失去了射箭的意义。教师既要吃透教材，也要对学生的情况了如指掌，知道学生的长处和短板、爱好和特点，才能"目中有人"。

于漪从失败的教训中总结出经验：任何教学，总是离不开特定的对象。教师在讲课时，既要胸中有书，又要目中有学生，从教材和学生的实际出发，才能克服"眉毛胡子一把抓"的毛病，摒弃不得要领的讲解。

从此，于漪上课不再一股脑儿把所有准备的内容都搬给学生，而是详略得当，重点、难点突出。她上课不再带教案，而是眼观六路、耳听八方。她敏锐地观察着学生表情的变化，从这细微的表情里捕捉着学生的内心感受，寻找着他们的节奏，灵活地调整着教学内容。

如果提出一个难一点儿的问题，有的学生扭头避开，于漪看在眼里，知道这些学生回答该问题有困难，就请别的学生作答，然后会亲切地问："懂了吗？"有的学生不善于表达，于漪就出个难度小一点儿的问题，让这些学生回答。学生回答完了，于漪脸上带着喜悦的表情，声音响亮地告诉大家："回答得很好！"学生受到鼓励后，学习就更有积极性了。学生们露出疑惑的表情，表现得似懂非懂的时候，或者学生们容易走马观花、浮光掠影而忽

把课教到学生心坎里

视的关键内容,于漪会慢下来,引导他们细细琢磨推敲,直至豁然开朗。

于漪上课的方式调整后,学生们上语文课的积极性大大提高,都睁大了眼睛专心听于漪的讲述,竞相举手发言,课堂如春水般活跃起来。于漪终于寻觅到语文教学大门的第一步:胸中有书,目中有人。从此,于漪越来越痴迷于钻研语文教学的艺术。

老师教书"着魔了"

人但凡痴迷一件事，总会全神贯注地投入其中，似乎进入一个自我陶醉、废寝忘食的境界。在语文教学方面已经"入门"的于漪，继续在语文教学的道路上勤奋求索，力求"深造"，简直到了"着魔"的程度。

有一天，老师和学生们济济一堂，听一位专家做报告。结束后，大家鱼贯而出。于漪一边走一边跟学生们聊天："今天的报告内容不错，谈学生如何求知、如何成长，有自己的一些看法……"

突然，一个调皮的声音插进来："好什么啊？他讲了一百五十多个'这个'，其他我什么也没听到。"

说着，这个学生就打开笔记本给大家看，报告里每说一个"这个"，他就画上一笔，笔记本上画满了用来计数的"正"字。

于漪一阵惊愕，她从没想过讲话者的口头语对听者有这么大的干扰。于漪想到自己上课时的情况，教学语言的毛病好像也不少。比如，脑子一时转不过弯时会下意识地说"喏"；下面的话找不到恰当的词时，会说"但是"，其实根本不需要转折；词汇贫乏，来来去去总是那几句大白话；再就是语病，江南口音的普通话，声调不准……于漪给自己列出一大堆问题。

她心里暗想：要是调皮的同学上课画"正"字来统计我的语言问题，恐怕也会七零八碎，课不成课了吧？

从这以后，于漪给自己定下了"出口成章，下笔成文"的目标，决心锤炼自己的教学语言。

备课时，于漪先写好教案，把课堂上要说的每一句话都写下来，然后反复琢磨推敲，把啰唆的字、词、句去掉，把不合逻辑的地方改掉，一句一句背下来，然后用口语自然地说出来。这样一来，上课时，于漪啰唆、重复、语病的问题大大减少，语言更加简洁精练，既有优美严密的书面语，又有生动活泼的口语。于漪称这种方法为"先死后活，以死求活"。

普通话有镇江口音，怎么办呢？于漪抱着字典一个字一个字地查，一个字一个字地纠正。终于，有些单独的字读起来没问题了。可是，只要说句子，或者说话快了点，镇江口音就又冒出来了。

于漪暗下决心，再难也要改。做饭的时候，她在厨房里一只手拿着铲子炒菜，另一只手拿着一本字典。在热气弥漫的厨房，她像小学生一样一遍一遍重复练习发音。

于漪又研究起讲课时声音的音量、节奏，声音太大学生会感到震耳朵，声音太小学生听不清，说话太快学生会跟不上，说话太慢学生估计会昏昏欲睡……现在有各种录音设备，可以把说的话录下来，听一听问题在哪里，但当时没有这些设备的帮助，于漪就是用"笨办法"练就了语言的本领，说话似山涧清泉，清亮悦耳。

每天去学校，于漪从家到公交车站要走二十分

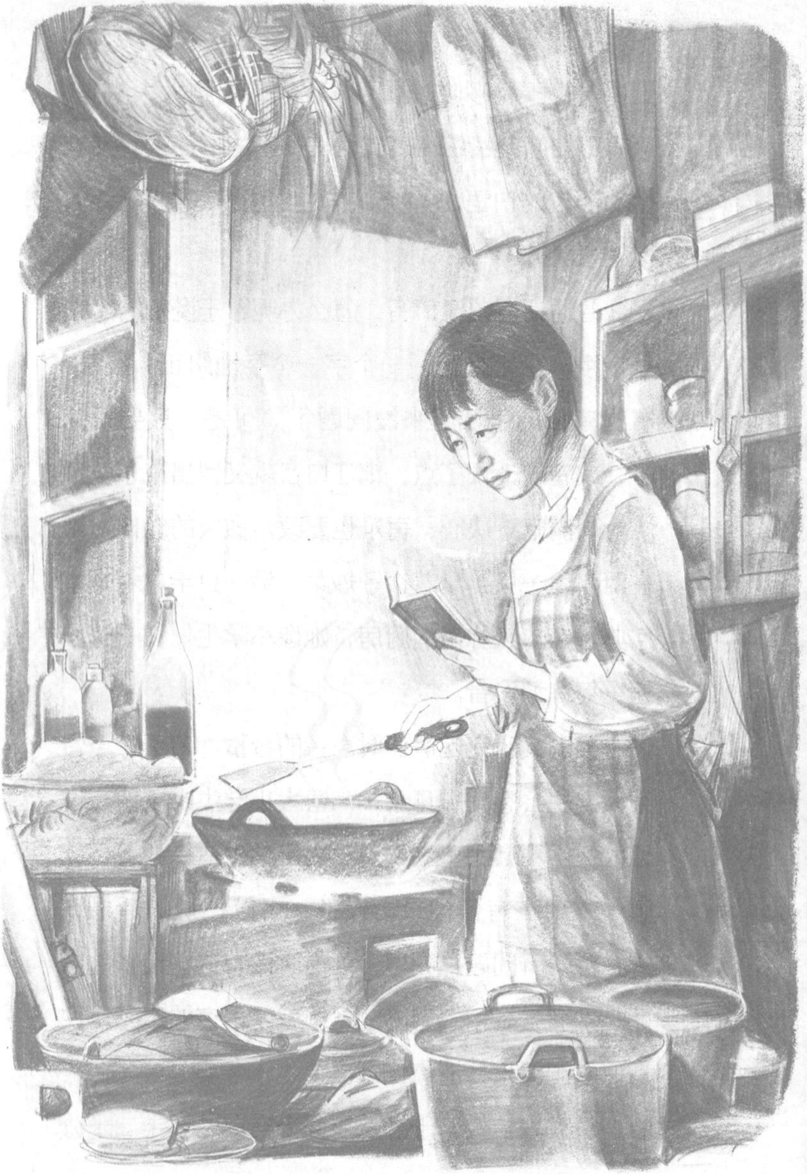

钟。这二十分钟里，于漪就把上课时要讲的内容在脑子里像过电影一样过一遍，课怎么开头，怎么展开，怎么掀起高潮，怎么结尾……提出一个问题，学生会怎么回答；如果回答不出来，怎么去引导……公交车来了，于漪上了车继续想，以致常常坐过了站。经过充分准备、思考后，于漪的一堂堂语文课才上得心里踏实。每次课后，于漪会做笔记，简要记下学生的闪光点，反思教学的不足和要注意的地方，下次上课再改。

教书"着魔"的于漪，将生活中的点点滴滴都和她的语文教学联系起来。丈夫黄世晔看她教书辛苦，就买来两张戏票，想请她去看场戏，放松放松。就在看戏的过程中，于漪也会不由自主地琢磨起她的课来。

那天，戏演的是京剧名段《三岔口》。表演十分精彩，于漪被演员精湛的表演深深吸引了。舞台上，演员明明一句都没唱，也没讲，只凭几个动作就使观众明白：这是一场深夜的摸黑格斗。明明舞台上的灯光那么明亮，却让人如同身临其境，感觉是在伸手不见五指的黑夜，心情随着剧中人物一起紧张。多棒啊！看着看着，于漪的思绪不由自主地又想到了教学上。她想，演员用他们的表演唤起观众的想象，在观众的脑海里留下深深的印象，使其经久不忘。教学虽然不是表演，但也有异曲同工之处，好的教学也可以像京剧表演艺术那样，调动一切，拓展学生的思维，让他们将知识内化为成长的养分。

在回家的路上，于漪还在想，语文学科的工具性很强，字词都是基本功，这和京剧艺术中强调"唱念做打"一样。而京剧的"口手眼身步"的"五法"也是启发我们在教学中同样要手段丰富多彩呀！京剧场景的转换和衔接那么吸引人，教学中的课堂节奏和连贯性也有借鉴之处呢！

《后汉书·列女传·乐羊子妻》中说："一丝而累，以至于寸，累寸不已，遂成丈匹。"多少年来，于漪以这种累寸累匹的精神要求自己，孜孜不倦地在教学路上求索着，不停地前进。

发现孩子"独特的琴弦"

有一段时间,很多老师教书更侧重教授知识,认为语文教学最重要的是其工具性,学生首先要学会读书、写字,才能学习其他学科,才会表达自己的感情,从而进行社会交流。

强调语文教学的工具性没有错。但于漪不同,她的思考更向前一步,再深一层:一篇篇课文不仅仅是知识,是字词,也是故事,是情感。在这些课文里有着中华民族的优秀文化,有着推动人类社会进步的文明。学生们读着这些作品,总会被故事所吸引,被情感所触动,被精神所感染,这可不是仅仅教知识。于是,于漪的心胸开阔起来。她认为,语文应该教文、育人一肩挑。对自己的学生,于漪觉得不仅有教知识的责任，更有"塑造灵魂"的责任。关注学生的精神世界，成为于漪教学生涯中一个重要的主题。

每当于漪轻盈的身影在青翠的校园里穿梭，三三两两的学生就像活泼的小鸟一样聚拢在她的身边。"于老师好！""于老师好！"于漪停下脚步，面带微笑看着一张张天真的脸庞，跟他们聊起各种各样的话题。

同学们都喜欢跟于老师聊天，她从不板起面孔，似乎永远那么柔声细语、亲切可人。于漪也爱她的学生们，就算不当班主任，她也喜欢和学生们交谈，从生活到学习无所不谈，成为学生贴心的朋友。

有的同事笑于漪："你呀，比班主任还班主任，管得真多！"

有一天，于漪一进办公室就觉得气氛不对，紧张得让人窒息。一个声音横空劈过来，把刚进门的于漪吓了一跳。

"你这种学生像什么话！"

于漪定睛一看，年轻的班主任张老师脸色铁青，脑门儿上都暴起了青筋，正对着一个学生怒吼。于漪不好作声，悄悄走到自己的办公桌前坐下。张老师接下来的话像一记记炸雷陆续在办公室里响起。

"男同学在教室里打打闹闹已经够乱的了，你还在教室门口贴个'霍府'的招牌，真是添乱！"

"你看看你的书，都卷成破烂儿了，你上课听讲吗？自以为是，狂妄自大！"

"你把教室的门框当成什么了？单杠吗？整天猴子似的在上面荡来荡去，引得同学哄堂大笑，你还来劲了！"

"你说，上次李老师的自行车轮胎的气是不是你给放的？"

听着听着，在座位上批改作文的于漪觉得好气又好笑，有点坐不住了。她抬头仔细一看，原来做出这番"惊天动地"行为的是一个女生。她背对班主任，扎着两根小辫子，歪着脑袋，一副满不在乎的样子，还时不时瞥一眼暴跳如雷的班主任，嘴角不屑地发出一声"哼"。

张老师堂堂一个八尺男儿，年轻气盛，这会儿眼泪都快给气出来了："你你你……"

于漪赶紧站起来平息风波："好了好了，不要气坏身体。"回头对那个女生道，"老师批评你，也是为了你好。你想想，老师说的有没有道理？"

那女生瞅了一眼于漪，终于开了腔，但开口便是："什么老师！就知道发火，讲都讲不清楚，还不如我懂！"一副看不起人的样子。

"你叫什么名字？"于漪问。

"余晓琴。"女生头也不回地走了。

一波未平，一波又起。不久，于漪在语文课堂上看到一张似曾相识的面孔，仔细一看，正是余晓琴，她刚被调到于漪的班上。

别的老师好心提醒于漪："这余晓琴调皮捣蛋独树一帜，鬼点子多，谁的话也听不进去，男生都没她淘气，你可得小心她。"

于漪苦笑一下，她怎么会不知道呢？早已领教过了。于漪做好了思想准备，自己不是魔术师，上课不可能立竿见影，学生经她一教就变样。首先要尊重学生，将她和其他同学一视同仁。

果然不出所料，余晓琴一来就把班里闹了一个天翻地覆。

新进入这个班级，余晓琴跟谁都合不来，谁都瞧不上，整天绷着脸，一声不吭，冷冰冰的眼神还带着点敌意。同学们也不买她的账，把她看作"另类"，谁都不跟她说话。下课铃一响，余晓琴总是像脱缰的野马第一个冲出教室，不知所终。

于漪虽然有些着急，却不断提醒自己，不急不急，先在"发现"上下功夫。于漪不戴"有色眼镜"去看余晓琴，把她当作一个普通学生，努力发掘她身上的闪光点。

放下偏见，平心观察，于漪发现，这个余晓琴还蛮有意思。

虽然一下课就不见人影儿了，但是上课铃响之前她一定会走进教室，从不迟到。

虽然常常胡闹，淘得没边儿，但上课的时候从不捣乱，也不会跟同学交头接耳，自控力相当强。

如果上课听到新奇之处，她的眼中会闪现光亮。由此可见，她是一个充满好奇心和求知欲的孩子。

于漪的眼力巨细无遗,虽然余晓琴这些细微的表情转瞬即逝,但都被于漪看在眼里。她终于窥见了余晓琴内心的一角。

于漪初步判断,余晓琴对学习还是有兴趣的。于是,于漪努力把她的语文课上得趣味盎然,课堂上氛围宽松,激发大家的求知欲。于漪相信,时间是孵化器,这样一节节生动的语文课一定能孵化出感情,感染每一个孩子。

果然,于漪的做法奏效了。上于漪的语文课时,余晓琴平常总是紧绷的脸慢慢柔和起来,她会情不自禁地举手回答问题,答得有板有眼。慢慢地,余晓琴和老师、同学之间紧张的关系似乎有所松动,横在她与别人之间的那座冰山好像开始慢慢消融了。于漪心里暗自高兴。

通过一节节语文课上的交流,于漪进一步了解了余晓琴。课堂发言,余晓琴从不人云亦云,总有自己独特的看法;与别人辩论,唇枪舌剑,从不轻易服输,很好强。于漪越发欣赏她,想进一步靠近她,了解她。

一天下课，余晓琴又像往常一样蹿出教室。于漪紧跟着快步出了教室。

啪！余晓琴的口袋里掉出了什么东西。于漪捡起来，扫了一眼，竟是一本介绍国画的书。

于漪吃了一惊：这个女孩比男孩还调皮捣蛋，怎么会看这类书？

余晓琴发现书掉了，一转身，跟于漪撞了个正着。

她紧张地盯着于漪手里的书，于漪若无其事地笑着说："多好的书啊！卷成这样，太委屈它了。"说着，把手中的书还给余晓琴，"你喜欢这类书啊？我家里也有不少介绍国画的书，像《芥子园画传》对初学国画的人就很有帮助。还有些国画、油画、水彩画方面的书，平常没事我也喜欢看，你要是喜欢，节假日可以到我家来看看。"

余晓琴露出又惊又喜的神色，点点头，拿着书一溜烟儿跑了。

于漪还有一个新发现，余晓琴胆子特别大。一般女孩害怕虫子，一看到虫子就会被吓得连声尖叫，赶紧躲开。但是余晓琴听到哪里有虫子就往哪里凑。大大小小、各种各样的虫子她都敢抓,有时还研究虫子的身体结构。

　　于漪发现,余晓琴对感兴趣的事会潜心钻研。有一次,生物课上做解剖豚鼠的实验。别的女生都不敢动手,有的男生也面露惧色,余晓琴却兴致勃勃,大展身手。余晓琴的这个长处,在语文课上有没有地方发挥呢?有了!于漪在教说明文时,要求学生写一篇关于科学实验的短文。

　　余晓琴原来写作文常常表达不清晰,这次是她感兴趣的题材,正是好机会,就把这次解剖豚鼠的实验过程写了进去。果然,在于漪的引导下,余晓琴这次的科学实验短文写得棒极了。于漪把余晓琴的这篇作文作为范文,在班上当场点评,表扬她在仔细观察的基础上,作文写得条理清晰、内容生动。听着老师表扬的话语,余晓琴兴奋得脸微微发红。

　　余晓琴思维敏捷,动手能力强,于漪就找各种机会发挥她的长处。余晓琴调皮捣蛋的次数明显少了。在学习《花儿为什么这样红》这一课的时候,于漪采用直观教学的方法,让学生了解花呈现各种颜色的原因。不过于漪这次拿出的不是课本,而是一排试管。

"这是干什么?"

"于老师今天要上化学课?"

学生们好奇地小声议论着。

于漪说:"今天,我们就亲眼看一看,花的细胞液里的酸碱反应。余晓琴,这个实验请你给大家演示一下吧。"

做实验,余晓琴最感兴趣、最拿手。她激动得脸颊绯红,一下子大步走到讲台上,接过试管,认真地演示起来。一边做,一边还像小老师一样一步一步给大家讲。

演示完实验,大家都热烈地给余晓琴鼓掌。余晓琴的脸又红了,看着大家,眼睛里泛起了泪花。

从这以后,余晓琴和同学们的距离一下子拉近了,她不再是与周围格格不入的"异类",也开始和同学一起说说笑笑,和大家打成了一片。

一个星期天,于漪正在家里看书。咚咚咚!有人敲门。于漪起身开门一看,愣了一下,余晓琴真的来了。于漪赶紧把她让进家门。余晓琴拘谨地进屋，手里拿着一把折扇。

"你手里拿的是什么？"于漪问。

这下，余晓琴打开了话匣子："折扇，送给老师的。"她怕于漪拒绝，又赶紧说，"不是什么贵重的东西，扇面上的竹子是我外祖父画的，字也是他写的，写的是岳飞的《池州翠微亭》。他让我送给您。"

于漪道了谢，问道："你外祖父多大年纪？他的身体好吗？"

看到老师这么亲切，余晓琴也无拘无束起来，她跟于漪讲起自己的外祖父："外祖父年纪大了，喜爱画画。我就给他磨墨、展纸，看他画竹子呀，石头呀，山水呀！"

"可真是神奇，唰，唰，唰！他几笔就画好了竹子，叶是叶，竿是竿，像变魔术似的，真好玩！

"有时我也画，就是不像。

"有时候外祖父画完一幅山水画，就叫我欣赏，我看啊，看啊，感觉画得真好，好像我也在画中的山水间，但是好在哪里，我也说不上来。有时候我说几句，就惹得外祖父哈哈大笑，肯定是因为我说的不在点子上。"

于漪第一次听到余晓琴一下子说这么多话。于漪想起自己小时候喜欢的那幅山水画，就跟余晓琴聊起了国画，从画家聊到学画，师生二人聊得十分愉快。临走的时候，余晓琴有些依依不舍。

于漪笑着说："下次你再来，咱们俩谈书。"

"真的吗？太好了！"余晓琴的眼睛又亮起来。

不久，余晓琴如约而至，又敲开于漪的家门。这一次，余晓琴有备而来，她侃侃而谈，谈她看过的各种书，文学类的、科技类的，连政治读物也涉猎不少。说得兴起，余晓琴拿出一个厚厚的笔记本给于漪看。

于漪打开本子一看，清秀的字迹密密麻麻，全都是阅读笔记和阅读感想。

"你可太棒了！"于漪脱口而出。

一名中学生阅读面如此之广，思考如此之深，让于漪始料未及，她简直不敢相信，眼前的余晓琴是那个曾经特别爱调皮捣蛋的余晓琴。怪不得她对老师常常挑剔，面露瞧不起的神色。也难怪她对有些事、有些问题总有自己一套独特的看法。她读过的书，涉猎的知识面之广，远远超过同龄的孩子。

"你怎么读了这么多书？"于漪有点好奇。

余晓琴像个小大人一本正经地说："环境造就的呗！我爸爸妈妈在外地工作，终年忙碌，一年也回不了上海一次。我跟外祖父、外祖母一起住，他们年纪大了，晚上早早就睡了，又没人跟我说话。我外祖父是教授，家里书多，各种各样的书都有，我就看书，跟书说话。"难怪她的裤兜里总卷着一本书。

余晓琴又说："于老师，跟您说个小秘密。我不是上海人，上小学的时候如果有同学欺负我，我就跟他拼，我才不怕呢！"

余晓琴桀骜不驯、倔强的个性，原来根子在这儿。

深入到余晓琴的内心，于漪才发现她心中独特的琴弦。于漪站在余晓琴的角度去看，之前她种种让人头疼的行为全都合情合理了。于漪越来越感受到，只有站在学生的角度，理解学生，才能明白事情背后的缘由。

后来,余晓琴一直读到博士。她给于漪写了一封信,信中说:"是您看到了我傲慢叛逆背后的好奇心、创造力和钻研精神。"对于漪的感激之情,跃然纸上。

在于漪教过的学生中,何止一个余晓琴!于漪常以细腻的心思、关爱的目光发现学生心中独特的琴弦,拨动它,一起合奏出动听的乐曲。对于漪来说,教书育人,教育的动人和魅力也正在于此。

欢迎语文课上来"将军"

于漪很崇拜鲁迅先生。鲁迅的作品和鲁迅教书的故事于漪常看常新,深受启发。她记得鲁迅先生有这么一段有趣的故事:

二十世纪二十年代,在北京大学给学生讲《中国小说史略》中的《红楼梦》时,鲁迅先生问学生们:"你们爱不爱林黛玉?"

话音刚落,有许多学生不假思索地回答:"爱。"

突然,有个学生反问道:

"周先生,你爱不爱?"

这时,鲁迅毫不迟疑,坦然回答:"我不爱。"

"为什么不爱?"那位学生刨根问底。

"我嫌她哭哭啼啼。"

全班哄堂大笑。在笑声中,鲁迅先生侃侃而谈,继续讲下去。

鲁迅先生是大文豪,但他在教学和对青年的指导中始终坦率谦逊,从不摆架子。学生有问,不管问什么,态度怎样,他总是予以鼓励,给予解答。以"爱吾师尤爱真理"激励学生自己思考,自己观察。鲁迅认为,对事物有独立的见解,超越老师,青出于蓝而胜于蓝,这才是处理师生关系、对待教学的正确原则。

这个原则,于漪十分认同。于漪是一个"奇怪"的老师。有人问她,上课最开心的事情是什么?她毫不犹豫地说:"被学生'问倒',将我的军。"

于漪在课堂上讲《木兰诗》时,就被"将了一军"。

那天,于漪讲道:"《孔雀东南飞》和《木兰诗》被认为是乐府诗的'双璧',其中《木兰诗》反映了古代女子刚健的性格,在古诗文中很少见……"

突然"扑哧"一声笑，打破了课堂的宁静。

于漪觉得奇怪，当即停下来问："你笑什么？给大家说说看。"

看到老师并不生气反而很好奇的样子，发笑的女生索性站起来回答说："写得倒蛮好，不过是假的，吹牛。"

这下子，教室里炸开了锅，大家七嘴八舌加入进来：

"同行十二年，不知木兰是女郎。根本不可能！"

"十二年，这么长的时间一起生活，一起打仗，怎么会认不出木兰是女的呢？"

"就是，就是。不说别的，一洗脚就露馅儿，小脚怎么藏得住？"

于漪顺口说："南北朝时期女人还没缠小脚。"

"那是从什么时候女人开始缠小脚的？"

于漪一下子被问住了，这个问题她还真没想过。于漪并没有气恼，也没有回避，老老实实地说："这个问题问得好，我也没有研究过，需要课后查一下资料。"

女人缠足这样生僻的问题,正史里面大概不会有。于漪查了好多天,终于在清代的一本书中找到"弓足"的记载。五代时期,南唐后主李煜让宫里的嫔妃以帛缠脚,做新月状,后人效仿。这就是中国女人缠足的起源。《木兰诗》创作于北朝的北魏时期,在五代时期之前,那时的女人还没有缠足。

"学然后知不足,教然后知困。"教学相长,于漪很喜欢这样的"化学反应"。

一次,于漪参加中学语文教研组长座谈会,受到上海市教育局语文教研员杨老师的关注。不久,杨老师来听于漪的课。后来,杨老师又请教育局办公室主任来听于漪的课。前前后后,区里、市里的人听了半年于漪的课。于漪被推选为上公开课的教师之一,她的课向全区、全市公开。

有一次上公开课,一百多名老师在旁听。于漪正讲着课,一名女生举起手来:"老师,对于你刚才讲的,我有不一样的看法。"

大家心里都为于漪捏着一把汗,这是公开课,当着这么多人的面,这不是让于漪下不来台吗?抬眼再看于漪，气定神闲，没有一点儿气恼，甚至连一丝惊讶的表情都没有。

有的老师忍不住悄声议论："敢在公开课上跟老师叫板，肯定是尖子生吧！"

于漪记得，这名女生上学期语文期末考试不及格。于漪不仅不生气，心里还着实有点兴奋和感动。这个女孩虽然平常学习不拔尖，但上课时面对这么多老师还敢提出自己的看法，这是多么勇敢啊！

"来讲台上，讲一讲你的意见。"于漪鼓励地向她点了一下头。

教室里一片宁静，一百多双眼睛盯着这名女生，看她怎样挑战于漪，带来怎样的新想法……

于漪心里没有"老师的面子"这样的想法。教《卖油翁》，讲到卖油翁与作者的对话时，于漪随口说："下面，我们看看二人这一段精彩的对话。"

下面有学生嘟囔了一句。

于漪和蔼地问："你刚才说了什么？我没听清。"

那个学生提高了声音:"下面的对话不精彩。"

于漪欣然接受:"你提得对,用'精彩'不妥,应该说'发人深思'的对话。"

课堂气氛民主,学生就敢于直抒己见。于漪喜欢课堂上活跃着思想的碰撞、见解的交锋、学识的挑战与超越……她的课堂闪动着一位优秀教师的智慧。

于漪如此平等地对待学生,和学生坦诚相见,课堂上总是洋溢着活跃的气氛。

有一次公开课,当于漪讲到"一千万万颗行星"时,一名学生突然冒出一句:"老师,'万万'是什么意思?"

全班哄堂大笑,这名学生如梦初醒,对呀,"万万"不就是"亿"吗?自己怎么提这么愚蠢的问题,还是在公开课上?太丢人了!

他顿时面红耳赤、垂头丧气,也不敢抬头再看老师了。

于漪平静地说:"大家都知道'万万'等于'亿',那为什么作者不直接用'亿'而用'万万'呢?"

欢迎语文课上来"将军"

是呀，为什么？这还真是个有意思的问题呢。学生们的注意力一下被吸引了，这个"可笑的问题"被于漪点石成金，变成一个很有探索价值的问题。

于漪接下来启发学生们品味："'万万'是叠词，读起来是不是朗朗上口，有韵律之美啊？那是不是语言叠词的独特魅力影响了此处的用词呢？"

原来如此，学生们越品越有味道，就像喝了一杯醇香的浓茶。

接着，于漪意味深长地说："请大家想一想，今天这份额外的课堂'收获'是怎么来的呢？大家要感谢谁呢？我们用掌声表达对他的谢意！"

热烈的掌声响起来的时候，那位问出"可笑的问题"的同学终于抬起了头。

听课的老师们暗暗竖起大拇指，于漪不仅机智地处理了课堂上的突发事件，借势将学生引向对知识的探索，还旗帜鲜明地肯定了学生的质疑精神，保护了学生的自尊心，真有名师风范！

"十三点"风波

在很多学生的眼里,于漪是对他们影响极大的一位恩师,对他们人生观、价值观的树立起到了极其重要的作用。于漪对学生投入了满腔真诚的爱。她觉得,没有爱就没有教育,对生长在这片热土上的孩子,都要真心实意、全心全意地爱他们,培养他们。

于漪愿意和学生做朋友,和家长做朋友。她经常去学生家里访问,从思想到生活到学习,各方面都关心。

带一九七五届学生时,班里有学生身体弱,早上升国旗,在操场上站一会儿就会晕倒。学生们正处于长身体、学知识的青春时期,没有好身体怎么行呢？于漪决心花大力气抓学生的体育锻炼，并在课余时间和学生打成一片，参与到学生的运动中。

早晨锻炼跑步，有几个学生坚持不下来。于漪当时刚手术完，身体羸弱，术后的肠粘连的疼痛折磨着她。清晨不到六点，凛冽的寒风吹着，于漪已经站在操场上等学生。学生一圈一圈地跑，于漪跑不动，就陪着一圈一圈地走，走得上气不接下气。她始终和学生在一起，给学生鼓劲。两个月下来，学生们的体质得到了明显的增强。

初当老师时，出于人之常情，于漪对两类学生不由自主地喜爱。一是反应敏捷、非常聪明的学生。老师讲上句，他能答下句，教起来轻松。二是长得可爱的学生。浓眉大眼、眉清目秀的孩子总是十分惹人喜爱。然而天下的孩子长相不同、性情各异，哪能总是顺应老师的心意？在后来的教学实践中，于漪遇到了各种各样的学生。经过与学生长期相处，她原有的认知和感情都慢慢有了变化，真切感受到了学生们蓬勃的生命力和聪明智慧。没有所谓的好学生、差学生，教育有教无类。

说起来简单，做起来难。于漪能达到这样的思想高度也是因为有深刻的教训。有一件事，对于漪的教育生涯有着深刻的影响。这件事，她觉得自己做错了，为此一直耿耿于怀。

事情的起因就是于漪接手的一九七五届的这个班，这个班有几个孩子常常惹祸，欺负小同学。班里时不时就会乱成一锅粥，热闹的时候，男同学打在一起，女同学打在一起，甚至发生过男女"混合双打"的情况，简直是一群惹不起的小霸王。

于漪管理起来十分吃力，每天都一路小跑赶来劝架，简直是说破了嘴，跑断了腿。于漪耐着性子一一教导，花了一番大力气，班里的情况终于慢慢安定下来，逐渐有了新气象。但是有一名叫吕艳的女生却屡教不改，没什么进步。

为了引导、教育这个女生，于漪煞费苦心。

于漪按捺下心中的急切，努力挖掘吕艳身上的优点，经常鼓励她。于漪表扬吕艳聪明，在学习上学得快、反应快，遇到事情敢说敢做，当机立断。谁知，经于漪这一表扬，吕艳更加骄傲自满，目中无人，在同学中间不断惹事，闹得鸡犬不宁。

于漪忍不住批评了她两句，吕艳急了，一蹦三尺高，跟于漪高声叫嚷，把于漪气得胸口疼。

同学们也不喜欢吕艳，觉得她是"人来疯"，经常一阵疯疯傻傻的，一来二去，不知道哪位同学给她起了一个绰号叫"十三点"，还在班里传开了。

一有同学喊吕艳"十三点"，吕艳就追着打。于漪遇见几次，总是教育同学们："不能给同学起外号。"

于漪嘴上这么说着，心里也犯嘀咕：这个孩子怎么会这样软硬不吃，难以管教？于漪可真犯难了。她决定去吕艳家家访，跟家长好好沟通一下，看看怎么一起让孩子学好。

一次，于漪放弃周末的休息时间，走了大老远的路来到吕艳家。敲了半天门，一个胡子拉碴的中年男人打开门。

"你找谁？"男人上下打量着于漪。

"您好，我是吕艳的老师。您是吕艳的家长吗？"

"什么事？"男子没有请于漪进来的意思，依然隔着门缝说话。

于漪猜测对方是吕艳的父亲，继续说："我想和您谈一下吕艳在学校的情况。"

"她又闯祸了是吗？你把她直接送派出所吧，别找我，我可管不了！"说着哐当一下把门关上了。

于漪在门前愣住了。天下还有这样的父母？父母都不管，我还管什么！于漪气得扭头就走。走到半路，气消了一半。不行，还得管，于漪又折回去。在家长那儿吃了闭门羹，不能就这样放弃，去居委会再了解一下情况吧。

于漪又找到吕艳家所在的居委会。

有一位女同志客气地把于漪迎进办公室，给她倒上一杯水："同志，您打听谁？"

"吕艳家，就住在这条街道上。"

"谁？驴脾气那一家子啊！哎呀呀，可千万别惹那一家子！"女同志连连摆手，"这一家简直就是一个胡蜂窝，她妈妈带着两个女儿堪称'一门三杰'。有一次和邻居吵架，母女三人在人家门前撒泼打滚儿，哎哟哟……"

于漪连喝口水的心情都没有，一无所获地回家去了。

周一到了学校，于漪一脸疲惫地对同事说："我是无能为力了，对这样的学生，我简直是心掏出来给她都没用。真是愁死人了！"

另一位老师安慰于漪："急也没有用，还能怎么办？先放一下，过一阵子再想想办法。上早操了，咱们出去看看。"

两个人来到操场上，见学生们都排好了队，整齐的队伍，笔挺的站姿，洋溢着少年的活力，一派朝气蓬勃的景象。这时，整齐的队伍中，鼓出一个"包"来。于漪定睛一看，正是吕艳。

于漪气不打一处来，强压着怒火说："吕艳，归队！站好了！"

吕艳缩了回去。

开始做操了，不料吕艳不仅自己不好好做，还突然推了前面的同学一把。前面的同学被吓了一大跳，吕艳哧哧直乐，笑得前仰后合。

于漪不得不再次喊她："吕艳，好好做操！"

吕艳像没听见似的，一会儿打前面同学一拳，一会儿踢旁边同学几脚。任凭于漪一遍遍提醒，她就像个旋转的陀螺一刻不停，打扰周围的同学。

全校五十多个班，在两个操场上做早操，其他班都整整齐齐的，只有于漪班上被吕艳一人搞得乱哄哄的。于漪的嗓子都要喊哑了，吕艳充耳不闻。于漪感觉操场上的人都在看自己的笑话，脸上不禁红一阵白一阵，一股气冲到脑门儿。她几步走到吕艳跟前："捣什么乱！你又不是'十三点'！"

这句话一出，吕艳立刻停住了，像被施了定身符，两眼怔怔地望着老师，瞠目结舌。

话一出口，于漪就后悔莫及。平常一再教育学生们不要叫吕艳"十三点"，今天自己这是怎么了？

早操结束了，吕艳一反常态，不说不闹，一声不响地走回教室。

看着吕艳安静的背影，于漪心里说不出的难受，陷入深深的自责中：自己怎么会如此口不择言？感情掺不得半点虚假，如果不是内心深处觉得吕艳麻烦，伤害她的话就一定不会脱口而出。如果真爱学生，就不会这样伤害学生的自尊。每个学生都有自己的脾气秉性、爱好特长。每个学生都值得被尊重。怎么能这样冷嘲热讽伤学生的心？！

于漪返回教室，教室里鸦雀无声，刚才操场上的事让大家心里都不好受。在一个个黑黑的小脑袋中，吕艳的头垂得低低的。于漪走到吕艳面前，吕艳的头垂得更低了，几乎要趴在课桌上。

于漪走到吕艳的桌位边，当着全班同学的面，诚恳地对吕艳说："对不起！"

原以为要继续遭受一场狂风暴雨，老师的"对不起"三个字像一缕阳光驱散了乌云，吕艳的眼睛湿润了。

从此，吕艳一改之前的调皮捣蛋，性子变得沉稳了许多。

这件事，于漪记了一辈子。从此以后，她用这个教训不断地叩问着自己的灵魂，时刻比照自己对学生的爱是否掺了杂质，是不是平等地爱着每一位学生。

班里来了"超级捣蛋王"

"十三点"风波刚刚平息,学校又把一个逃学两年的学生放到于漪班上。消息传来,像在平静的水面投了一块大石头,班里沸腾起来。

班长首先反对:"咱们班原来多乱啊!现在好不容易秩序井然,要来这么一位,这不是前功尽弃吗?"

有的同学翻着白眼小声嘀咕:"一粒老鼠屎搅坏一锅汤。"

"以后永无宁日喽——"

于漪心里何尝不是在打鼓?这个班于漪花了九牛二虎之力才管理好,如果新来的同学搅起浑水,乱作一团,那可如何是好?

于漪的担心不是杞人忧天,她已经见过这位同学。

这位同学叫小蒋,他不是一般的调皮捣蛋,而是街上"小有名气"的小混混,吸烟、小偷小摸、打群架……一身坏习气。因为要转到于漪的班,于漪先见了小蒋一面。见这一面可不容易,找了好几次才在街上找到他。这个少年个子几乎要和于漪一般高了,歪戴着帽子,看上去吊儿郎当的样子。年纪不大,手指却因为抽烟被熏得发黄,一身烟味。

于漪和颜悦色地问他:"愿意到我们班来吗?"

小蒋干脆地说:"不愿意。"

"为什么?"

"你们班管得太严,我可受不了。"

有了吕艳事件的教训在前,于漪放下心中的担忧和偏见,不断告诫自己:千万不要畏难,不能对他有丝毫的厌恶,坚信精诚所至、金石为开,一定要千方百计地帮助他。

于漪先做起了班干部的工作:"咱们班确实进步很大,很有起色,这离不开班干部和各位同学的共同努力,可是,如果我们班禁不起一点儿风浪,那说明我们班还是有问题，仍需继续努力。再说，我们对任何一名同学都不能放弃，尤其对缺点多的同学，更要满腔热情地帮助他，帮他跟上我们的队伍。"

然后，于漪又做所有同学的工作，激励大家各尽所能、热情相待，要让小蒋感受到班级大家庭的温暖。

同学们被老师的真诚打动了，一双双眼睛望向于漪。

看到大家的反应，于漪心里有了底。她向大家布置了第一个任务："第一步，是要把他请到学校来。"

"什么？！"大家都丈二和尚摸不着头脑，学生到学校上学不是天经地义的事情吗？

没错，这一稀松平常的事对小蒋来说是大问题。一起床，他就没影儿了，除了不去学校，哪儿都可能去。

这天早晨，小蒋跟往常一样，一起床就想往外走。

"小蒋……小蒋……"外面传来阵阵喊声。

"这么早,谁叫我?"小蒋纳闷地打开门。

两个同学背着书包整齐地站在他家门口。

"干吗?"小蒋奇怪地问。

"叫你一起上学。"两名同学一左一右,看护着小蒋往学校走去。

"哎哎哎,我不去!"小蒋想耍赖。

"快走吧,于老师让我们来叫你一起上学。"两名同学拽住小蒋,把书包挂在他的脖子上。

其中一个同学对小蒋说:"反抗也没用,明天还有俩人来喊你。"

原来,于漪安排了六名同学,分成三组,每天轮流来叫小蒋一起上学。

到了学校,别人都拿出课本来上课,小蒋的桌面上干干净净,啥也没有。于漪一看小蒋的书包,除了几包香烟,别无他物。

于漪问他:"课本和本子呢?"

小蒋朝于漪手里搜出来的几包香烟努努嘴:"换烟了。"

小蒋抖着腿,等着于漪说让他滚蛋。

于漪没有说话,课本、本子、文具……一样一样拿过来，给他放到书包里。

小蒋瞅着于漪的脸，露出疑惑的表情。

于漪跟他说："这段时间，我对你的要求只有'不打人，不骂人'六个字。六个字，很简单是不是？你一定能做到。"

对小蒋来说，这简单的六个字做起来可不容易。他习惯了一出口就是脏字，看不惯就打人。于漪一而再，再而三地提醒他改正，从来没有责骂过他一句，也没有半点瞧不起他的意思。

小蒋这样的情况，于漪心里没有嫌恶，还总是阵阵酸楚：坏习气的渗入，糟蹋着少年的身体和心灵，多么让人心疼啊！

于漪花了几个月的时间，一次次找小蒋谈心，悉心地指导、帮助他。时间一长，小蒋的倔劲少了一半，他甚至有点期待同学们来叫他一起上学了。他上课总算能静下心来坐在教室里，作业也开始做了。小蒋的点滴进步，于漪看在眼里，欢喜在心里。

有一天，小蒋来找于漪，站也有站的样子了，不歪头，腿也不抖来抖去了。

"什么事？"于漪问。

小蒋郑重其事地说："老师，我自己来学校，不要同学来陪了。人家都笑我，说我上学还有'勤务兵'……"

确实如此，上学是自己的事情，陪伴总不是长久之计，得逐渐培养他的自觉性。于漪说："好吧，我同意。你进步真的很大，以后要管好自己。"

好景不长，风平浪静了还不到一个月，小蒋又不见了。一连几天，学校里都不见他的身影。

为了让小蒋学好，于漪不知去了多少回小蒋的家进行家访，早已经熟门熟路了。这次于漪真急了，赶紧去小蒋家里。小蒋的母亲一见到于漪，就一把鼻涕一把泪地哭了起来："他的老毛病又犯了，只要他肯回家，说什么我都依他。"

"好好的，怎么又逃学了呢？"于漪觉得事情没这么简单，仔细询问起来。

原来矛盾从一件小事开始。前几天吃早饭的时候，小蒋发现自己的三角板不见了，到处找。

"败家玩意儿！"父亲张口就骂。

小蒋也不甘示弱："不能骂人，我们于老师

说的。"

"还敢顶嘴！不光骂你，我还打你呢！"父亲火冒三丈，跳起来就给了小蒋重重的一个耳光。小蒋的脸当时就肿了起来，耳朵里嗡嗡作响。这下，他扔下饭碗，早饭也不吃了，拔腿就跑出去了，现在还没回家。

于漪想：对孩子哪能一会儿打骂，放任不管，恨得要死，一会儿又宝贝儿长宝贝儿短，百依百顺，溺爱得要命？大人没有原则，孩子能不乱来吗？

于漪又担心："这几天没回家，他住哪里呀？"

梅雨季节，到处湿漉漉的。于漪和几个同学冒着蒙蒙细雨，一条街一条街地找。傍晚时分，天灰蒙蒙的，累了一天的于漪饥肠辘辘，脚步踉跄。

突然，她看到巷子尽头有个熟悉的身影。

"小蒋！"于漪的身上一下子来了力气。

听到喊声，那个身影一下子闪过不见了。于漪哪里追得上？她就大声喊："小蒋！小蒋！你出来！"于漪喊了好久，小蒋总算从旁边冒出来。

于漪和力气大的同学一起抓牢他，要带他

回家。

"那个家,我不回去!"小蒋倔强地站着,怎么拉都拉不动。

他身上散发出一阵呛人的烟味,于漪心里咯噔一下——他又抽烟了。把他送回家能怎么样呢?

于漪想:送他回家后只有两个可能,一是再逃离家,二是故伎重演,还是老样子。带他回我家吧,他要是偷东西怎么办?平常家里大人上班,小孩上学,没有人。想到这里,于漪立刻自责起来:对学生缺少最基本的信任,还谈什么教育、什么爱护?真心实意要他变好,就要千方百计创造条件,让他有好的成长环境。

想到这里,于漪心一横,紧紧拽着小蒋说:"走,回家,回我家!"

看着于漪湿漉漉的头发、憔悴的脸庞、关切的目光,小蒋不由得热泪盈眶,不再抗拒,任凭老师拽着往前走。

路上,小蒋说:"老师为我好,我知道,但是让我改,太难了。我今天就抽了好几根烟,小兄弟给的。老师,我这个人没救了,改不好了。你吃力，我也吃力。算了，老师不要再白费力气了。"他倒做起了于漪的工作。

于漪一边紧紧拉着他的手，一边说："老师不会放弃你的，不会不管你。我对你有信心，你一定能改好，你前段时间进步多大呀！老师很高兴。老师不怕费力气，只要你愿意改好，老师出多少力气都愿意。大家一起拉你，你要争气啊……"

就这样，师生二人走了一路，说了一路，哭了一路。等到了于漪家，俩人都筋疲力尽了。

小蒋住在于漪家里的那段时间，每天和于漪一起去学校。放学回家，于漪做饭，小蒋和于漪的儿子一起写作业，一起玩。对小蒋这样濒临失足的孩子来说，教育的过程十分艰难，曲曲折折，就像一场拉锯战，一丁点儿事就会使他反复，一切努力重归于零。于漪横下一颗心，告诫自己不能急于求成，反反复复是正常的，一定不能放弃。她相信，自己的一腔热诚一定能感化顽石。就这样，她用爱和耐心，一次次把小蒋从危险的边缘拽回来。

多年以后，小蒋长大了，做生意自食其力。于漪依然站在讲台上，教育着一届又一届学生，如春风化雨，润物无声。

有一次，小蒋来拜访老师，于漪询问小蒋生意的情况，有没有碰到什么困难，小蒋说："没有，唯一的问题就是资金周转紧张一点儿。"

于老师说："你需要多少？我给你。"

小蒋心里很感动，于老师说出这样的话，他并不感到奇怪，因为老师一直把学生当自己的孩子对待。

有一次，于漪病重，躺在医院里，几天不省人事。迷迷糊糊中，于漪感到有人拉着她的手在哭："老师，你醒醒啊，你可不能有事啊！老师，你醒醒啊，你可不能有事啊……"这句话反反复复响在于漪耳边。她吃力地睁开眼睛，认出是小蒋。她用力握了一下小蒋的手，师生四目相对，都流下了眼泪。

都说"浪子回头金不换"，小蒋人生轨迹的改变，让于漪极为欣慰，也是对于漪付出心血最好的回报。

有让人喜欢的作文课吗?

作文是语文教学中的重要内容,现在的学生怕作文,以前的学生也同样怕这个大难题。

有一年,于漪教初一,上作文课时,坐在前排的一个男孩一个字也不写,于漪温和地问他:"你怎么不写?"

这个男孩瞪大眼睛看着于漪:"我不会写……我恨死写作文了。"

这个"恨"字把于漪吓了一跳。这得对写作文多么厌恶,才会用"恨"字啊!

于漪记下了男孩的名字——张北。从此,于漪把这件事记在心里。她决心慢慢让张北放下对作文的恐惧,攻克写作难关。

张北的作文真的很让人头疼，每次作文最多写三四行，还有许多错别字。

于漪想：要是学生个个作文写得好，还要我干什么呢？教师的职责，就是引领学生从不会到会，从知之甚少到了解甚多。只要找到引导的方法，学生一定会进步的。

想到张北对写作文的"恨"，于漪决定先从简单的开始——把字写清楚，写正确。

张北写字的基础太差，如果罚他抄写几十遍字词，他根本坐不住，这个方法对他来说也是浪费时间，收效不大。于漪抽时间找张北让他学字，耐心地从字形、字义分析讲起，帮他记忆。

张北总是把"染"字右上部的"九"写成"丸"。于漪便教他："你看，'染'字这个'九'表示很多的意思，你想，染坊里各种各样的染料是不是很多？"

"是啊，好玩，好玩。"

这样一来，张北就记住了这个字，认字写字也不觉得枯燥无趣了。

于漪对张北格外关注，她发现张北虽然淘气，上课坐不住，但捉鱼摸虾可是好手。学校的荷花池和外面的小溪，他常常光顾，好几次见他裤子卷到膝盖上面，运动鞋上泥迹斑斑。

那时，正在学习语文课文《荔枝蜜》，于漪投其所好，就给张北拟了一个作文题目，叫《可爱的小生灵》。

一听到写作文，张北原本滴溜溜转的小眼珠顿时没了神采："我不会写，我不知道写什么。"

于漪打趣他："写你的好朋友啊！"

"哪个好朋友？"张北奇怪地问。

"小鱼小虾啊！我的办公室里有一个脸盆，你捉些鱼虾来养。"于漪说。

啊，张北的眼睛亮了起来。他喜欢捉鱼摸虾，这次作文一定有话写。

于漪看他有兴致，就顺势说："你要仔细观察啊！如果你能把观察到的小鱼小虾的可爱之处写出来，那你就厉害了。试着写一写，好吗？"

张北兴奋地一口答应下来。

这天放学后，于漪正准备离开办公室，张北挽着裤腿，额头上冒着大颗大颗的汗珠，拎着塑料袋一路跟跄地跑过来。

"老师，老师！这是我刚捉的小鱼和龙虾，我放到你办公室里，这样每天放学后我就来好好观察它们，好写作文啊！"

从这天开始，放学后可热闹了，张北每天都要来看他的"好朋友"，还带着几根水草当礼物。

过了几天，张北的作文终于写成了，他拿着作文本兴致勃勃地去找于漪："老师，我写完作文了。"

"好，你先放这里，我一会儿看。"

"可是，老师，我想让你现在就看。"张北按捺不住内心的激动，要知道，这次他可写了远远不止三行，写了满满一页呢！

"好，那我们一起看。"

于漪放下手中的工作，拿起张北的作文看起来："哎呀，你写得真生动。"

于漪读起来："这时，这只龙虾大发雷霆，卷起尾巴不停地拍水，水花四溅。它把身体一缩，然后，猛地反身一弹，一屁股撞在脸盆边上，大概是想逃跑吧。忽然，它的身体一翻，好！肚子朝上动有让人喜欢的作文课吗?

不了了。"

于漪继续读:"看它难过的样子,我想安慰它,就把手伸下去,不料这家伙蛮性未改,反身钳住我的手指,疼得我'嗷嗷'直叫……"

"这一句写得真生动,真有趣,老师就写不出来。"于漪称赞。

张北开心得嘴巴都要咧到耳朵根了。

其实,张北这篇作文的缺点还是不少的。一篇五百多字的作文,错别字一大堆,有的地方词语搭配不当、语句不通。但是于漪觉得,对写作基础薄弱的张北来说,重要的是引导和保护他写作文的积极性,错别字、措辞的问题以后再改。

显然,张北对这篇作文的热情很高。于漪趁热打铁,说:"只可惜作文里还有一些错别字和一些病句,要是能改一改就更好了。"

"在哪儿?在哪儿?"张北着急地问,他的学习热情已经被点燃了。于是,于漪带着张北,把错别字一个一个改过来,再把作文里的句子一句一句捋顺。作文改完了,张北捧着自己的作文高兴得手舞足蹈,那感觉就像在小河里痛快玩耍一样。

第二天，作文讲评课。于漪按惯例打印了一批优秀的范文，发给学生们。

学生们拿到材料，眼尖的同学不由自主地惊叫起来："张北！还有张北的作文呢。"

同学们纷纷翻看自己的材料，果然有张北。教室里热闹起来。

"什么？张北的？不会是反面教材吧？"

"太阳从西边出来了吧！"

"这个张北是咱们班的张北吗？"

"《可爱的小生灵》写的是什么？"

张北的心里咚咚打起鼓来：我的？真的？他喜出望外，简直不敢相信自己的耳朵。

于漪以张北的作文为例，重点讲解了如何对可爱的小生灵进行外形、神态、动作的描写，如何把记物的文章写得生动。

于漪请张北谈谈写这篇作文的体会，张北站起来结结巴巴地说："我……不知道对不对啊！我喜欢虾，我经常看它，还用手撩着它玩。我看得很仔细很仔细……"

"是的，"于漪总结道，"熟悉的东西写起来就不困难。平常关心周围的人、事、物，仔细观察，用心感受，认真构思结构，组织好语言，就会写出好作文。"

不少跟张北一样的"作文困难户"，都受到了启发。渐渐地，他们不再觉得写作文是件难比登天的事情了，从最开始的抵触变得喜欢起来。

过了一个学期，于漪组织学生去公园看灯展，准备写篇作文。

傍晚，同学们陆陆续续回家去了。张北跟于漪说："老师，我还没有看得很仔细，灯太多了，明天我还想来看，可以吗？我要好好写篇作文。"

"好啊，"于漪打趣，"你不恨作文了？"

张北摇摇头，笑起来。等作文交上来，于漪一看，张北的《迎春灯展》写得洋洋洒洒，叙述流畅，用词丰富，描写生动，有很大的进步，不用再修改也是一篇上乘佳作了。

于漪的作文课上得生动，学生们喜欢，还有一个原因，就是她讲作文没有空洞的说教，大多是生动的实例，甚至采用"以子之矛，攻子之盾"的方法。

于漪曾经教过这样一个学生，他的作文一个标点符号也没有。于漪让他注意作文写上标点符号，他似乎懂了。等再交上作文，果然有了标点，但许多地方是乱点一气。于漪耐心指导他，要他用心一些，先把逗号和句号搞清楚，不要出现文章结尾还用逗号的情况。可是这个学生的作文依然没有太大起色。

这是怎么回事？于漪多次观察他的作文情况，有时候这位学生写作文，她就在一边看。终于，于漪发现了问题的所在。

这个学生平时写作文或写作业，总是全都写完了，然后随便再加几处标点符号，他认为这样做"省事"，免得写一句就停下来。有时候作业一多，一着急，就忘了补上标点符号。

原来如此，可是该怎样让他意识到，他的"省事"会带来"麻烦"呢？于漪想到了一个好主意。

有一次作文点评课，于漪就拿了这个学生的一篇没有标点符号的作文来读。她一口气不停地读下去，读得上气不接下气。同学们看到老师的脸都憋得通红，都纷纷嚷起来："老师，老师，你停一停呀，停一停呀！"

于漪摇摇头说："不能停呀，作者没有写标点符号，怎么能停呢？要忠于作者的原意呀！"

同学们哄堂大笑起来，那个学生的脸红了。他这才恍然大悟，原来，在小小的标点符号上偷懒，竟然会带来如此的不方便，读不成句，损害了语言文字表情达意的作用。从此，他才真正重视起来，规范地使用标点符号。

于漪的作文课总是能讲到学生心里、评在点子上。她还鼓励同学们不限于书本，扩大课外阅读面和阅读量。她把作文课从让人畏难的高峰上成了学生们最喜欢的游乐园。

特级教师的烦恼

一九七八年,全中国的大报小报都在传播着一个振奋人心的消息,北京、上海等地首次评选特级教师。大家都在为教师工作受到尊重和鼓励而高兴。因为在语文教学改革上的突出成就、在教育事业上的杰出贡献,于漪榜上有名。

颁奖典礼在上海的一座礼堂里隆重举行,于漪之前并不知道自己被评选为特级教师的消息,这份突如其来的荣誉让她又惊又喜。

高兴之余,于漪冷静下来思考:凭什么天上掉下这么大一个馅饼给我呢?谦逊的于漪并不觉得自己有什么过人之处,认为自己获得特级教师的荣誉很大程度上是机遇使然。

于漪想起一九七七年讲的那堂《海燕》公开课，正是那堂公开课，让她走进了大众的视野。

一九七七年的金秋，正是校园里最美的时节，空气中有了一丝凉意，落叶铺满了校园的小路。

上海电视台的一位姓赵的导演来学校找到于漪，邀请她讲一堂电视直播公开课。备课时间只有一周。于漪觉得有些仓促，但是导演说，时间不能改，这一天电视台要直播。

几百人的公开课，对于漪来说是家常便饭，但是通过电视直播讲课还是第一次。于漪多少有点忐忑，她试探性地问："能不能录播，免得当堂出现什么差错？"

导演为难地说："那可不行，我们没法安排录播。"一句话让于漪哑口无言。

于漪又问："那用什么教材呢？"

导演十分爽快地说："随意，你习惯用什么教材就用什么教材，喜欢教什么就教什么。"

于漪如释重负——如此自由，那真是太好了。

导演马上补了一句："对了，明天，或者后天，我来听一听你的课，也看看同学们上课的情况。"

导演心细着呢!

可是教什么好呢?当时"文化大革命"刚结束没多久,国家百业待兴,社会处在重新恢复秩序中,正如春风重新唤醒大地,一派蓬勃向上的生机,中国的教育也迎来了曙光。于漪的脑海里突然冒出一句话:"乌云遮不住太阳,——是的,遮不住的!"这是高尔基的名篇《海燕》里的句子。对!就讲《海燕》。于漪心潮澎湃,把电视直播的忐忑抛在了脑后。

作品中刻画海燕的一个个词语、一个个句子仿佛都活了起来、跳动起来,海燕就是应该这样叫喊,这样飞翔……一瞬间那只在乌云的重压下,在大海的惊涛骇浪中飞翔的海燕,似乎就是于漪自己。高尔基的海燕在大自然的乌云、狂风、巨浪中拼搏;于漪在人生的风雨中坚守,从教以来,无论多么艰难,她都坚持好好教学,一腔热血奉献给学生。很快,于漪就把《海燕》的内容烂熟于心,因为海燕也呼出了于漪心中的呐喊。

于漪又仔细布置了学生的工作。学生中赵颖的音色十分出众,于漪决定发挥她的特长,引导她体会作品中的情感，让她在公开课上朗诵课文。

万事俱备，只欠东风。一周很快就过去了。

到了直播的日子，于漪带着同学们来到电视台的演播室。这是一间很简陋的演播室，除了灯光设备，四白落地，摆放好的课桌和椅子也十分破旧。有个简单的布景是纸板做的，上面开了一扇窗，窗框上挂着五六条纸做的柳丝，似乎是为了增加几分生机和美感。

导演全神贯注地盯着摄像机，发出指令："准备。"

学生们端坐在课桌前，于漪拿着备课夹等候在外面。

导演一声令下："开始！"

四周的灯陡然亮了，满屋通明，于漪心里一紧，马上又镇定下来，像平时上课那样，从容地走进演播室，开始讲课。

简明扼要的板书、鞭辟入里的讲解分析、热烈的讨论……于漪请赵颖朗诵课文的经典片段，赵颖充满激情的声音再现了海燕的艺术形象。

当天空中乌云密布的时候，她用深沉的语调表现海燕对暴风雨的渴望，用嘲讽的语调耻笑海鸥、海鸭、企鹅的胆小怯懦。听到隆隆的雷声，她用高亢的声音展现海燕深信"乌云遮不住太阳"，它"像个精灵"，"它在大笑，它又在号叫"。最后，她喊出了时代最强音："让暴风雨来得更猛烈些吧！"

赵颖的朗诵感情充沛，抑扬顿挫。她朗诵时传递出的情感和气势，深深地震撼了电视机前的万千观众。

直播课完美地落下帷幕。《海燕》带给于漪的激情还在她的胸中激荡着，她兴冲冲地跑回家，那种冲出暴风雨后，精神上获得释放的喜悦，似乎渗透到身体的每个细胞，恨不得逢人就诉说。

于漪到了家，丈夫为她开门。以前，于漪觉得丈夫是一个古板的读书人，对她经常上公开课，忙这忙那，不太关心。

这次丈夫一反常态，一开门就笑脸相迎："我以前没认真看过你上课，还怕你上砸了呢。开播时，我还真有点紧张。看你笑眯眯的，我悬着的心也放下了。黑白电视机的屏幕虽小，但还看得清楚。你哪里是在上课？你是用生命在歌唱啊！"

于漪的电视直播课在社会上引起了巨大的反响，掀起了全国的教育激情。从上海、江苏、浙江等地寄出的信件像雪片一样飞来。那些写信来的老师，和于漪素昧平生，却表达了共同的心声："冲出暴风雨，教育的春天来了！"

后来，连高等教育界都在谈论于漪和她讲的《海燕》。一位复旦大学历史系教授谈及当年盛况，说一位同事出差回到上海，问上海最近有什么动静，这位教授说，都在看《海燕》公开课呢。

被评为特级教师后，于漪更忙碌了。除了上课、备课、批改作业、写文章，还要参加大量的社会活动。

学校领导担心于漪把身体累坏了，建议她别再上课，集中精力做教研工作。在于漪看来，一名教师最重要的工作就是上课，不上课就脱离了实践，教育生涯也就终止了。她婉言谢绝了领导的好意。于是，于漪在教书的同时也负责指导区里的青年教师。

别人对于漪这位特级教师的要求也高了起来。

她的一举一动、一言一行都在众目睽睽之下，大家似乎觉得她什么都应该懂，每堂课都应该讲得十全十美，不能有一点儿失误。于漪感到了前所未有的压力。

本区的、全市的，以及全国各地的老师络绎不绝地来到于漪的课堂听课。几乎每节课都有老师坐在后面听课，少则一二十人，多则上百人。于漪前前后后上了近两千节公开课。

起初，于漪也觉得很不自在，上课不由得瞻前顾后，不能"挥洒自如"。但一想到听课的老师、领导都是为了热心探讨语文教学、提高语文教学的质量，让更多的学生受益，她又调整心态，坦然地欢迎老师们来听课。

于漪反思自己：教课，带领学生学习，又不是手工艺人带学徒，传授家传秘方，本就没有什么可保密的。再说，没人听课的时候，讲课时会随意一些，不那么严谨，有同行听课，不敢有丝毫的马虎和懈怠，这也没什么不好，反而会督促自己更细心教学。

看到于漪上如此多的公开课，有的同事为于漪捏着一把汗："这么多公开课，没完没了，你害怕不害怕？你就不怕有闪失吗？"

"害怕？害怕也没有用啊！我不主动邀人来听课，但是只要来了，我就欢迎。有些老师连早课都听，这种热情、执着，对我也是激励。"

于漪不端架子，她想得很通透，课不可能堂堂都教得精彩，有闪失也是正常的。只要少考虑个人的得失、长短，心就平了，气就和了，就会把精力更多地放到教学钻研上；以听促教，想通了，习惯了，这些压力就变成了继续前进的动力。

作为特级教师，于漪还得不断总结教学经验，有出书的任务。全国各地的语文报刊也不断约稿，有时候任务很急，于漪压力很大。白天上课，晚上还要通宵达旦地写稿。如果把这些看作逼迫，就会被压得喘不过气来。于漪顶住压力，更加勤奋，把教学之外的这些付出作为一种特殊的锻炼。

让于漪非常感动的是，她曾经用心血灌溉过的年轻一代纷纷寄来书信："于老师，当我们从报上得知您被评为特级教师，同学们都由衷地高兴，向您祝贺！几年来，我们真实地看到您是怎样忘我地工作的。每天，您总是早上班，晚下班，整天都在紧张而精神饱满地工作。谁能想到您正被多种疾病缠身呢？正是您的言传身教，才使我们树立了远大的理想。"

"在中学里，您给予我的一切，它们的意义不是四年，而是十几年、几十年。您对教学精益求精，既教书又教人，时时给予鼓励，处处催人进步……"

"于老师，您是那样了解每个学生……虽然毕业了，但是总觉得您就在我的身边，一直在关心着我，注视着我的点滴进步……"

于漪把学生们的话当作最高的奖赏。她动情地说："过去，我只知道教师每天都在付出、给予，后来我逐渐明白了，教师付出的是精力，换来的却是下一代的成长，在给予学生的同时，自己也获得了新的知识和养料。"

"爱人者，人恒爱之；敬人者，人恒敬之。"于漪以爱滋养着学生，学生们也以爱回报。这份双向奔赴的爱，是天底下最美好的事情，也是一名教师最大的收获。

于漪把特级教师的这份幸福、荣誉、压力和动力都背负在身,在这条"光荣的荆棘路"上不断前行着。

天哪，一所乱学校！

一九八五年，由于出色的工作能力和超高的威望，于漪被任命为第二师范学校的校长。

学校的老师们听说于漪当校长，都以为于漪首先会狠抓教学。其实，于漪心里并不这么想。校长是管理岗位，哪能只抓教学呢？第二师范学校是出了名的"乱学校"，人心浮动，重要的是先让师生稳定下来。

新官上任三把火，于漪一上任就宣布了两点：一是恢复实行坐班制，教师必须准时上下班；二是学校工作没有不可告人的秘密，都拿到桌面上来说，不要背后议论。

按时上下班本是再正常不过的事情，可是在那个年代,中等师范学校并不实行坐班制。第二师范学校有多乱?有的老师责任心不够强,上班迟到是家常便饭。更离谱的是,有的老师极不负责任,到了上课时间,还在家呼呼大睡。教学秩序混乱,学生们无所适从。如果一直这样乱下去,还谈什么教学质量?于漪决心扭转这种局面。

改革总是会触动某些人的利益,很快就有人跳出来跟于漪较量了。一名青年教师年轻气盛,跟于漪拍桌子:"这么多年了,我高兴就来,不高兴就不来,凭什么你当校长就变了?你管不着!"甚至威胁她说,"你要管我上班,告诉你,可别怪我不客气。你从哪条路回家,我很清楚。"

于漪虽然身量单薄,外表柔弱,却一身正气地反驳他:"人要吃饭,就要劳动,这是起码的道理。三十多岁的大小伙子了,连这点道理都不懂,真为你着急。"于漪义正词严,总算把这股邪气压了下去。

至于第二点,于漪认为,学校乱,主要是人际关系乱,张家长李家短,当面不讲,背后乱讲,喊喊喳喳,无事生非。面对这种庸俗之风、不正之风，最好的办法就是公开、公正。如果校长的耳根子软，是非曲直就会混淆，学校的风气就不正了。

做语文老师，于漪在业务上精益求精，探索、突破，成绩斐然。做管理学校的一校之长，于漪刚正不阿，处事干净利落，果敢担当。她自有一番当校长的想法，她认为，一所学校必须有明确的办学理念，追求高尚的教育境界。

良好的学校风气不是一两个人能成就的。于漪首先给学校老师树立了育人的大目标。师范学校最大的事就是全心全意为学生，让学生今日茁壮成长，明日成为合格、优秀的教师。其次是树立精神支柱，以"一身正气，为人师表"作为全校师生的座右铭。

育人的目标、座右铭看似无形，却形成了强大的凝聚力。陶行知说："校长是一个学校的灵魂，想要评论一个学校，先要评论它的校长。"对学校师生的所有要求，于漪首先从自身做起，以身作则，当好"教师的教师"，凝聚了全校上下的人心。

接下来，于漪还要解决两件让人伤脑筋的事，一是师生的穿着打扮，二是学生浪费粮食。

改革开放后,一股社会上的时尚潮流风也刮进了校园。有的女老师衣着时髦,上课时穿得珠光宝气。学生们觉得新奇,品头论足,窃窃私语。有的学生也有样学样模仿起来,个别女生还涂脂抹粉,打扮得花枝招展来上学。

人的精力是有限的,时间花在这里,别处就会少一分。学校不是时装表演的T形舞台,心思不用在教学上,不用在学习上,怎么能保证教学质量呢?

于漪请劳动模范、解放军战士、老校友来学校做报告,阐述青年学生应该有怎样的思想素质、文化素质和审美情趣,又针对"师范生应追求什么""当代师范生应具有怎样的形象""什么是当代师范生真正的美"等专题进行了一次次讨论。大家自由发表意见,畅所欲言。于漪引导大家明确了认识:社会上允许的,学校不能都允许;社会上流行的,学校也不一定都提倡。

几次讨论下来,大家对学校师生美的标准达成了一致,那就是:朴素、庄重、大方。在这种共识的基础上,于漪放手让学生自己设计校服、设计发型，大家投票来选。最终选出来的校服是藏青色的服装，雅致的白衬衫、红领带，女生为短裙。学生们非常喜欢，他们穿着校服走在校园里，洋溢着青春活力，成为校园里一道亮丽的风景线。师生的精神面貌为之一振，校园风气也为之大变。

同学们为自己学校的校服感到自豪。他们穿着校服，戴着校徽结伴出行，别具风采，常常引得路人停下脚步，问："这是哪个学校的学生？真精神！"

后来，《师范教育》杂志封面刊登了第二师范学校的学生穿校服做操的图片，一时传为佳话，引领了青春美丽的新时尚。

人更美、更精神了，校园也得美起来。

每天早晨不到七点，同学们就忙碌起来，有的拿着扫把清扫道路，有的拿拖把清洁楼道，有的给绿化带浇水、施肥。当时占地一百二十亩的校园，于漪坚持不聘一个保洁人员，学校的保洁工作全部由各班级轮流完成。

没有绿化经费，师生就一起动手，让校园里"黄土不见天"，广植草木花卉，建设美丽校园。

校园中的绿化隔离带一般用冬青树，而于漪决定除掉这些仪仗队一般的树丛。开始，老师们不太理解，觉得这是多此一举。多余的冬青树除掉后，整个校园不但视野开阔了，而且绿树之间疏密有致，人们与绿色的距离更近了。于漪这才笑着解释："一个校园就像一幅画，如何布局大有讲究。咱们中国画向来讲究虚实结合，注重'留白'的艺术，整个校园都被整整齐齐的冬青树堵得严严实实，哪还有人活动的空间？哪里还有绿意荡漾的空间？"

校园里绿草如茵，树木环绕，引得鸟儿也来了，在树枝间跳动、欢唱，整个校园更加生机勃勃。

亲手美化的校园是那么亲切，教育也就在潜移默化中发挥了作用：自力更生，艰苦奋斗。

在全校师生的努力下，校园成了塑造心灵美的空间。后来，第二师范学校陆续获得上海市文明单位、上海市花园单位等荣誉。

"谁知盘中餐，粒粒皆辛苦。"这是牙牙学语的孩童都挂在嘴边的道理,可是当时第二师范学校的食物浪费情况让人触目惊心。城里的孩子没有种过田,不知道粮食是怎么种出来的,不懂得珍惜食物。

有一天,午餐的时候,于漪去了食堂。她亲眼看到食堂的垃圾桶里,剩饭剩菜堆得像小山一样高,垃圾桶装不下,都洒到了地上。于漪气急了,她去拿了一个脸盆,把被丢掉的半个半个的馒头、大块大块的米饭和包子皮捞出来。

在午休时间,她一个一个教室去讲:"学校不是培养少爷、小姐的地方!吃饭要体会种田人的辛苦。农民面朝黄土背朝天,日晒雨淋,从耕地、下种、插秧,到除草、除虫、施肥,再到最后的收割,要花多少力气!俗话说'一粒米要七斤二两力气才种得出来',人心都是肉长的,想想农民的辛苦就不会随意糟蹋粮食。任何人都不能暴殄天物,这是素质问题、品德问题!吃不了可以少买,不要以为家里有钱,买了吃不下,或者不对胃口就倒掉。我们国家这么大,离富裕还远着呢,西部还有那么多贫困的地方,有的地区连温饱问题都还没解

中华先锋人物故事汇　于漪

决。想想这些，你们的手怎么倒得下……"

于漪的话一句句掷地有声。她对学生一向和颜悦色，学生们从来没见过校长这么激动，发这么大脾气，一个个都低下了头，明白浪费粮食不对，以后不能再浪费了。

在于漪的带领下，第二师范学校从"烂摊子"起步，慢慢步入正轨，走向卓越。

有一次，一位领导到南方几所师范院校调研，在第二师范学校住了一周。从校园到教室，从学生的户外锻炼到课堂学习，从学生的各类活动到自习……无不细心查看。调研完后，这位领导说："这样的文明校风、这样的教学秩序、这样的师生面貌，你们为什么不向国家教委申报先进？"

负责上海师范教育的工作人员为难地说："他们学校转成师范学校不到三年，还差三个月，不符合申报条件。"于漪似乎有一根看不见的魔法棒，不到三年，就把一所乱糟糟的学校变得秩序井然、鸟语花香、朝气蓬勃。

作为校长,于漪另一个工作重点是大力培养学校教师,特别是年轻教师。

只要有可能,于漪总是送年轻教师外出学习,有短期培训的,还有去读本科、研究生的。只要教师想学习、想提高,于漪总是不遗余力地支持,甚至为他们支付学费。

有好心的同事劝告于漪:"您这样培养不怕老师跑了吗?本领大了,跳出去就更方便了。"

"跳就跳吧,跳来跳去都在中国。"于漪笑呵呵地说。

"跳到国外呢?"

"那跳来跳去都在地球上。"于漪爽朗地笑了。

于漪深深觉得,水涨船高,教师的文化素养、专业技能提高,受益的是学生。只要为学生好,做这些就值得。学校不但是学生成长的摇篮,也应该是教师成长的基地。

作为校长的于漪,也知人善任,细心去了解每一位教职工,让他们能发挥所长,在适合自己的岗位上绽放光芒。

有一名物理老师教了多年物理,教学平平。于漪发现他有一副好嗓子，而且爱好音乐，对男高音特别有研究。

于漪找到他说："你不要再教物理了。"

"校长，您再给我一次机会吧，我会好好努力的。"这位物理老师哀求道。

"不是这个意思，我觉得你更适合教音乐，你要不要试试？"

"真的吗？可以吗？太谢谢您了！"物理老师兴高采烈地改教音乐课了。

这位老师的音乐课上得还真不错，学生们很喜欢。

有位老师个性强，跟谁都不对付。于漪发现她特别擅长手工，于是请她开一门手工课。这位老师感到这是校长对她的信任和尊重，热情满满地开了课。她不仅精心备课，还创作了许多变废为宝的手工作品。她激发了学生的奇思妙想，很多学生做出了独特的作品，学校的展览室里摆放了琳琅满目的手工作品，煞是好看。

"您可真有法子，都能让她心服口服。"有位老教师称赞于漪。

"没什么,任何教师的一技之长都要珍惜啊!"

从一九八五年八月上任,到一九九五年三月卸任,于漪担任第二师范学校校长近十年,从五十六岁干到六十六岁。卸任后,于漪担任名誉校长,一九九七年,第二师范学校转制为杨浦高级中学,于漪继续担任名誉校长。

一名好校长,惠及一所学校。于漪把她当校长的这所学校变成了一所积极变革、奋勇向前的学校。她就像学校的脊梁,为学校撑起一片天地,以人格塑造人格,以精神激励精神,春风化雨,润及师生。

从教师到人民教育家

二〇一九年九月二十九日上午,北京人民大会堂的金色大厅里,气氛热烈庄重。中华人民共和国国家勋章和国家荣誉称号颁授仪式在这里隆重举行。全国人民的眼光都聚焦在这里。在雄壮激昂的《向祖国致敬》乐曲声中,中共中央总书记、国家主席、中央军委主席习近平亲自给上海市杨浦高级中学名誉校长、九十岁高龄的于漪佩戴上金色的"人民教育家"奖章。

这是共和国首次颁发"人民教育家"这一国家荣誉称号,于漪作为基础教育界的唯一代表获此殊荣。她的教育事迹和贡献永远写在了共和国史册上!

于漪获得了党和政府给予人民教师的诸多荣誉，但她从没有被名利所羁绊，也从来不会因掌声而止步。她说："人是要有一点儿精神的。'我是共产党员''这是组织交给的任务'这两句话，给了我无穷的动力。"

于漪从教七十多年，从一名普普通通的语文教师成长为共和国的人民教育家，究其原因，离不开她身上高度的使命感与虔诚的信仰。

于漪立志颇早。童年遭受战乱之苦，在少年艰苦求学的时候，镇江中学"一切为民族"的校训就深深烙在了她的心里。高度的责任感和使命感，让于漪在踏上工作岗位之时，不仅仅把教师这份职业当作谋生的手段，更是为自己设立了终生的奋斗目标："树中华教师魂，立民族教育根。"

于漪选择了一辈子做教师。纵观于漪的职业生涯，她教书育人，为的是培养祖国的未来。于漪不是只站在自己的角度对待教师这一份工作，她看得更加高远，既有一线教师朴素、坚定的责任担当，又有着教育家的思考高度："教师就是一个肩膀挑着学生的现在，一个肩膀挑着国家的未来。"

于漪之所以赢得尊敬，还因为她踏踏实实、淡泊名利。她从一名普普通通的中学语文教师做起，当过班主任、教研组长、年级组长，一直到校长。

被评为特级教师后，于漪工作繁忙。领导怕她在教育一线过于劳累，建议她离开教师岗位，从事教研工作。但是于漪不舍得离开讲台，放弃了机会。

于漪给友人的信中曾说："做一名真正的教师，我是铁了心的。"

除了教学，于漪担负着许多社会工作，她还是上海市的人大代表。在全国性的教育会议、外地的讲坛常见到于漪奔忙的身影。于漪到哪里，就把热情高涨的教育讨论带到哪里。但无论事情怎样繁复，于漪从不放松自己的教学业务。她说："如果脱离业务，我的教学生命就停滞了。作为一名教师，没有比这个更可悲的了……平凡中自有伟大。当一辈子中学教师，成绩卓著，难道不比当什么'长'更有意义？"

于漪在第二师范学校担任校长的时候，上海有个中学需要校长，相关领导多次拜访，邀请于漪兼任校长一职，并许诺一周只去上两三天班，还给她配专车和宽敞的大房子。

当时，于漪一家长时间住在丈夫单位分配的小房子里。但是她想到第二师范学校正处于爬坡的艰难时段，少不了她，她如果兼任别的学校校长，一心二用，就不能全力以赴推进第二师范学校的工作，于是婉言谢绝了邀请。

二十世纪九十年代初，一家富裕的民办学校以二十万元年薪聘请于漪。那时的二十万元可是一大笔钱，于漪还是回绝了。

九十年代中期，听说于漪快退休了，一所规模宏大的民办学校又想聘请于漪当校长，这次更是开出了六十万元的年薪。当时，于漪的退休金和各种补贴加起来，每个月不到三千元，年收入不到四万元。面对年薪六十万元的"天价"，她还是拒绝了。

于漪说："在人生道路上走了几十年，曲折坎坷，最牵动我的心的是学生健康成长，国家繁荣昌盛。我是一名教师，不愿做知识贩卖者，人和金钱画上等号，人格也就扫地了。"

几十年里，于漪所工作的学校改了几次名字，世事变幻，岁月如梭，但于漪从来没有离开过这所学校。高薪的聘请、高升的机会，都撼动不了她对三尺讲台深深的爱与执着。于漪的话里透着耐人寻味的哲学意味。她说："人生在天地之间，各有责任。我就是教师当中的一分子，生命不停，奋斗不止。"

于漪能成为"人民教育家"还源于她的勤奋实践。

于漪一生热爱学习。她读书的脚步一直没有停歇，学习之乐，其乐无穷。于漪读书涉猎的范围颇广，年轻时就算生病也要抱着几本书去住院。医生都要问她一句："你是来治病的，还是来看书的？"

"一辈子做教师，一辈子学做教师。"于漪在语文教学的实践上一路跋涉，对语文教学有一股不服输的钻劲儿。她下苦功夫钻研教材、研究教法，最终不仅找到了语文教学的"大门"，还登堂入室，取得了卓越的教学成就，成为一名有丰富教育实践、独特教育思想的人民教育家。

人们说中国古代先贤最喜欢"照镜子"，勇于自我反省。而于漪说她有两把尺子：一把量自己的短处，一把量别人的长处。学生学不会，她与学生谈心，找自己教学上的问题；她误伤了学生的自尊，马上反省自身的错误；学生提出质疑，她从不觉得权威受到挑战，更加反思教学上是否有漏洞……

于漪时时刻刻用两把"尺子"丈量自己的不足，越量越有向前奔跑的动力。大大小小的教研会上，于漪都拿着本子，听到别的老师思考教学问题的精彩之处，就一一记下来；于漪上过的课不计其数，下课铃响了不是结束，她还要写教后心得，"鸡蛋里挑骨头"，反思自己教学的不足。

于漪的教学生涯并不是一帆风顺的，多次接手乱班，管理乱校，但她从不怨天尤人，而是不停地在困难中寻找着突破口。于漪勇于实践，勤于反思，善于打破思维的桎梏。她把一次次关于教学的思考、突破，以前瞻性和创造性的思维写成一篇篇文章：《语文教育的"人文说"》《既教文，又教人》《目中有人》《弘扬人文，改革弊端》……一个个理论支点慢慢建构起了教育家的理论基础。

二十世纪八九十年代，中学语文的教学资料匮乏，已是全国首批语文特级教师之一的于漪，根据多年教学经验，完成了《中学语文教学探索》《中学语文备课手册》等多部著作。这些浸润着于漪多年实践心得的教学参考书，很快在全国推广开来。

若没有坚韧不拔的性格，于漪也不会登上人民教育家的高峰。于漪性格坚毅，胃溃疡、肝炎、心脏病……都曾"光顾"过她。即便每天大把大把吃着药，她也是要么伏案疾书，要么登台讲课，从不停歇。退休后，她逐字逐句审阅了上海市从小学到高中十二个年级的语文教材和教学参考书。

八十多岁时，于漪的挂历上，几乎每一个日子都画上了圈，有的画了两个，甚至更多的圈。这个圈是要做一个专题报告，那个圈是要给教师做培训或给学生做讲座；这个圈是要去参加一个重要会议，那个圈是应邀去听课……但这远远不是全部。

二〇一四年，八十五岁高龄的于漪吐露了一个心愿："我这名年已耄耋的教师，心中翻腾着一个强烈的愿望，那就是急切盼望当代能创建有中国特色的教育学。"

年近九十岁，有时上午于漪要听四节课，下午还要开展说课、评课。她曾经腰椎骨折，卧床三个多月后，一能坐起来就帮年轻教师指导课题和论文。于漪一直保持着蓬勃的生命活力，一忙起工作，她就忘记了自己的年龄。

九十岁高龄时，于漪仍主持着上海市语文学科德育实训基地的工作，还担当着培训国家级骨干教师的重任。于漪总是想方设法为青年教师搭建平台。从二十世纪八十年代开始，她先后培养了三代特级教师。

二〇二一年，九十二岁的于漪还在为教育事业忙碌着。她重回阔别已久的杨浦高级中学，和这里的学生有了一次特别的"青春对话"。

"青年是人生之王，让自己的青春在学生岗位上闪闪发光，德智体美劳全面发展，成为生逢盛世、肩负重任的中华脊梁。"这些闪光的话语，在青年学子的心中点亮一盏明灯，这也是这位人民教育家对青年学子们的殷切期望。

七十多年的教育工作生涯，于漪在心爱的三尺讲台上，用生命尽情歌唱着，正如红烛尽情地燃烧着，释放着光和温暖。正像闻一多写的《红烛》那样：

请将你的脂膏，
不息地流向人间，
培出慰藉的花儿，
结成快乐的果子！

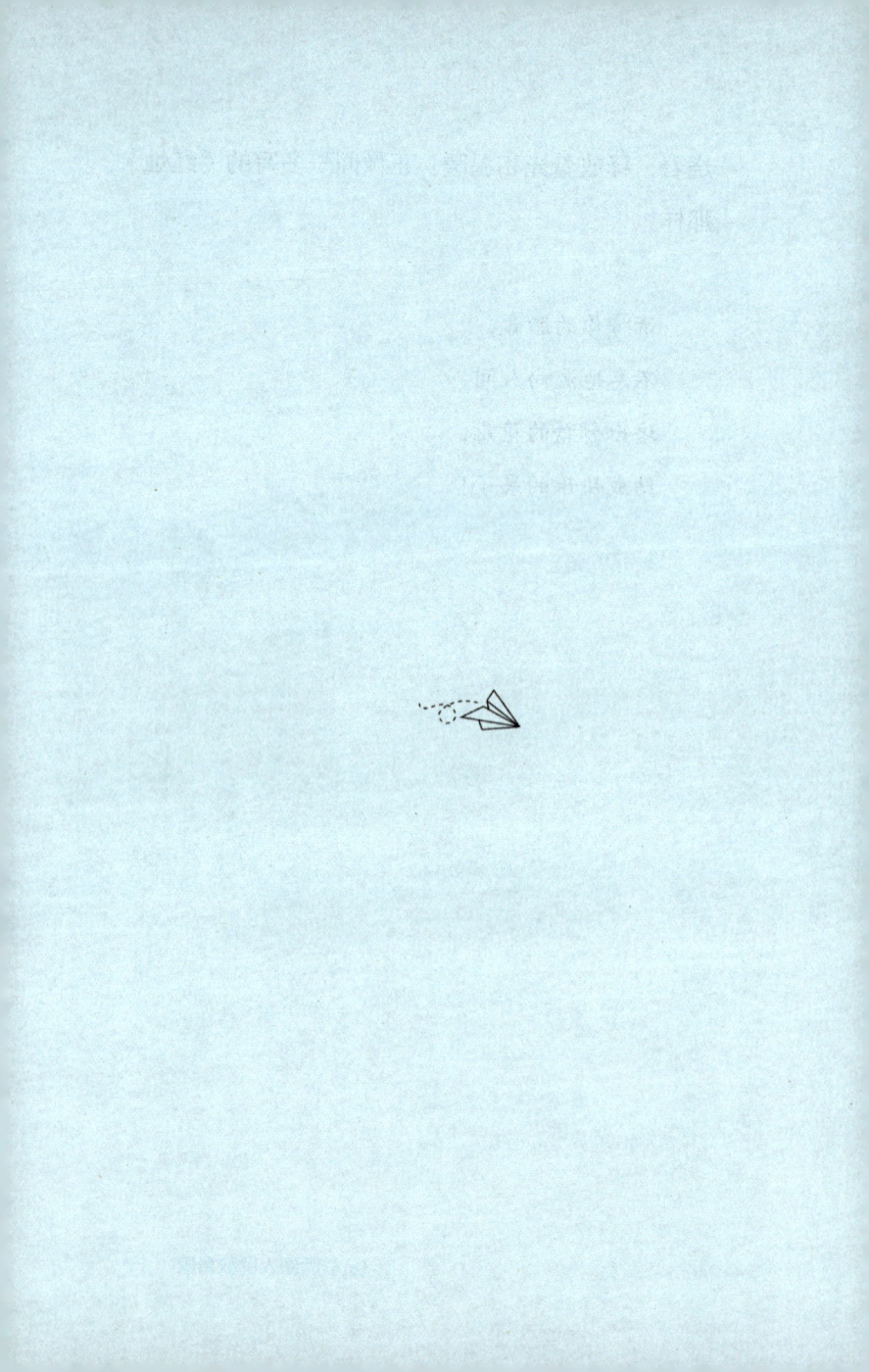

世代书香育桃李

　　于漪说："教育事业是爱的事业，没有爱就没有教育。"她认为，教师之爱是超越血缘关系的大爱与仁爱，每个孩子都是家庭的宝贝，都是国家的宝贝。教师需要唤起孩子内心的觉醒，把日常的教学小事与国家未来的千秋大业紧密联系起来。

　　有一年，班级下乡劳动，学生小蔡半夜发高烧，缺医少药，要送去镇上，但没有交通工具。瘦弱的于漪和小尹同学轮流背着小蔡，顶着寒风，沿着大河，走了几十里路，总算把小蔡背到了镇上的医院。于漪累得眼冒金星，棉衣都被汗水浸湿了。

　　班里一位姓何的学生家庭贫困，不幸又患上肺病，家里没钱治疗。于漪当时一个月的工资是七十二

136 中华先锋人物故事汇 于漪

元,一瓶治疗肺病的药片要六元钱,于漪节省家庭开销,每个月给小何买药,直到他把肺病治好。

……

那一刻,于漪对学生的爱可谓是"超越亲子之爱"。于漪的儿子黄肃小时候体弱多病,有一次得了败血症。医生向于漪下了病危通知。孩子是母亲的心头肉,于漪失声痛哭起来,求医生救救儿子的性命。可是那时,于漪正教高三毕业班,学生马上就要高考了。一边是孩子需要照顾,一边是高三的学生耽误不得,于漪心急如焚。

每天后半夜,于漪守在孩子的病床前,天一亮就咬咬牙去学校上课。于漪想:我不是医生,不会治病,可我是人民教师,关键时刻不能离岗。幸好,黄肃慢慢缓了过来,恢复了健康,而毕业班的学生高考也取得了优异的成绩。

二十世纪九十年代初,于漪患心脏病,病重住院。有一个学生从北京赶到上海,来医院看望于漪。这个学生是于漪当年带的班里的生活委员小肖。

于漪说:"工作那么忙,打个电话就好,不要大老远跑来看我。"

小肖说:"我一定要来看望老师,我永远记得老师给我的那个面包。"

"什么……面包?"于漪从记忆中检索,却什么都没想起来。

那是大约三十年前的一件事了。于漪教小肖这个班。有一天,小肖突然发高烧,没去上课。于漪上完课赶到学生宿舍看望小肖。

小肖嘴唇干裂,难受地说:"要是有个面包吃就好了。"

那是六十年代初,三年困难时期,粮食按计划供应,必须有粮票才能买到食品,勉强吃饱就很不错了。面包,那简直是奢侈品啊!

于漪看着憔悴的小肖,心疼极了,让小肖好好休息,起身走了。

大约一个小时后,于漪回来了。她眼睛里闪着亮光,轻声说:"小肖,你看,这是什么?"

小肖吃力地睁开眼睛,她简直不敢相信,于漪把一个面包轻轻地放在她的手上。小肖觉得那是世界上最好吃的面包。

后来,小肖从同学那儿才知道,老师没有吃饭,饿了一顿,想办法用粮票换来了面包。

小肖依然记得当时内心的温暖和感动,说起来不觉又热泪盈眶。她郑重地告诉于漪:"这件事让我懂得了什么叫'爱',后来我也当了老师,就一直想到要爱学生,不仅心里爱,行动上也要爱。"

二〇〇八年教师节,杨浦区教育局请年近八十的于漪参加原第二师范学校的座谈会,大家一起回味那些美好的时光。谈及当年,好几位代表都眼含热泪。当会开到一半的时候,突然有一个年轻的女教师站起来,说:"于老师,我没有别的问题,您能抱一抱我吗?"在场的众人都很吃惊。

于漪就走到这女孩面前,伸开双臂紧紧拥抱了她。

年轻的女教师激动地说:"您是我妈妈的老师。"

于漪一向记得学生的名字,可是问了女教师妈妈的名字后,于漪一点儿印象都没有。

女教师说:"其实,您只是来我妈妈的班代过一次课，可是每次回忆起来，妈妈都说这节课很精彩，是真正的语文课。后来，妈妈让我也上您任教的那所学校。"

这件事深深感动了于漪，她一直放在心上，时不时就会品味一番，无限感慨。教师的意义和价值不会只停留在这一代。播下去的种子会不停地开花、结果，又把新的种子播撒出去。教育是长效的，甚至可以影响到第二代、第三代。

于漪就是这样，用她的生命影响了一届又一届的学生。

每年的大年初二，于漪都会在家翘首以待。一九六六届高三（一）班的学生每年都会约着一起来于漪家拜年，几十年来，年年如此。每年的这一天，是于漪最高兴的日子，当年青春年少的学生如今也已两鬓斑白，但是个个兴高采烈、谈笑风生，如少年时一般。后来，往届的学生也在这天来，大家齐聚一堂，有时能有近百人。

于漪被学生环绕在中间。她问长问短，眼睛里闪动着光芒，仿佛又回到了几十年前的课堂，回到那段美好的师生时光。

有的学生把于漪在课堂上讲过的话一字不差地背出来,有的还能记起当时她在黑板上的板书。学生说:"您怎么讲的,我们都记得。"

于漪忙着和学生交谈,孙女黄音紧跟在于漪后面。她一连喊了几声奶奶,于漪都没有听到。这丫头灵机一动,喊了一声:"于老师。""唉!"于漪马上转过头来看向她,大家先是一愣,随之大笑起来。看来叫"于老师"比叫"奶奶"管用。

于漪是真的爱孩子、爱学生。退休后,有位素不相识的家长因女儿不想上学,急得实在没有办法,冒昧地给于漪写了一封"于漪亲启"的信。于漪看罢,马上一个长长的电话打过去,进行一番推心置腹的谈话。虽然素不相识,但于漪说:"我必须给她打电话,这是一种责任。"

于漪的丈夫、儿子、儿媳妇、孙女、孙女婿都从事教育工作,一家三代六人从事教育工作,是名副其实的教育世家。

退休后,于漪继续坚持帮困助学,通过慈善基金会先后资助了十几名家庭困难的大学生完成学业。于漪的丈夫黄世晔一直支持妻子于漪的工作，他认为学生是国家的未来。

黄世晔毕业于西南联大经济系，退休前是复旦大学历史系教授。他一生淡泊名利、治学严谨，曾参与恢复高考时的第一次高考命题。退休后，他的生活更加简单朴素，一件于漪给他编织的毛衣穿了很多年仍然不舍得换新的。

于漪对学生发自内心的关爱，深深影响、感染着家人。在生活困难的年代，于漪一家节衣缩食，经常资助家境贫寒的学生，自己的儿子却因营养不良而体弱多病，结婚前没穿过一双皮鞋。

一九六四年，儿子黄肃过九岁生日时，于漪和丈夫送给儿子一本《雷锋日记》。在书的扉页，于漪写下了"肃儿：向雷锋叔叔学习，做一个伟大的共产主义战士，永远忠于党，永远忠于人民"这样一段话。

十几年后，黄肃成为一名中学历史教师，把人生奉献给教育事业。女儿黄音长大后，黄肃又把《雷锋日记》交到女儿的手上，承载着家国情怀的这本书传了三代人。黄肃把《雷锋日记》交给女儿,是希望成为教师的女儿专心教学,继续为国家培养人才。

不慕虚荣、勤俭节约、助人为乐是全家人的行为准则。于漪和善解人意的儿媳妇史玲玲有着母女般的浓厚感情。退休前,史玲玲在复旦大学担任物理系研究生教学秘书。她把获得的奖金全部捐给困难学生。她说:"这些孩子能够考取研究生很不容易,帮他们渡过难关,可能就改变了他们的一生。"

有一次,于漪买了一床新棉被,史玲玲说有个研究生家里条件差,连像样的棉被都没有。于漪听后,赶紧让史玲玲把新买的棉被送给这位学生。

于漪的孙女黄音在杨浦高级中学当语文教师,孙女婿尚宣廷是市北中学的物理教师,这个家庭的第三代人接力传递教育的火种。黄音说:"奶奶简单得很充实,纯粹得很少有功利之心,有的只有对教育、对学生、对国家的满腔深情,直至今日,她的价值观仍然深深地影响着我。"

对名利看得很淡的于漪对读书却看得很重。孙女黄音小时候,见到最多的画面是爷爷在阳台的藤椅上看书，奶奶伏在桌上一边看书一边做笔记。

有一次，八九岁的黄音看到家里放了一摞书，上面写着《谈艺录》和《管锥编》，两本书署名都是钱锺书。她就问于漪："奶奶，这个人很会写作吗？"

于漪说："他可有学问呢。"说着，就从书柜里抽出一本《围城》递给黄音。

除了让黄音阅读图书，于漪还很重视对黄音兴趣爱好和行为习惯的培养。回家换鞋，黄音必须弯下腰认认真真将鞋摆放整齐。把剪刀递给别人的时候，也要把尖端对着自己。

当老师后，黄音始终铭记奶奶提出的"中国的基础教育学应该有中国气派，一线教师就是创造者，有巨大的力量"，踏踏实实教学，一心为学生。

学生是一家人常常谈起的话题。有一次，班上有一个学生向黄音倾诉，感觉自己被一群同学排挤，非常苦恼。经过黄音的鼓励、劝说后，这个学生平复了情绪。接下来怎么办呢？黄音犯愁了。第二天吃饭时，一家人讨论起来，最后都同意于漪的看法。

"大海能自净，去除杂质，学生之间的小矛盾有时候并不需要老师去处理。班级就是社会的演练场，把处理问题的自主权交还给学生，信任他们，教师在一旁细心观察，适时提供引导。"这就是于漪家中特殊的教育讨论，在交流中碰撞出智慧育人的火花。

教师，这个职业寄托着于漪一生的追求与热爱。作为一名老师，于漪上了近两千节公开课、写了六百多万字论文专著，为祖国培养了一批批人才，带出了一批批名师，在她的影响下，更多的年轻人走上了讲台。作为家庭的一分子，于漪潜移默化地影响着家人，成就了一个教育世家，桃李满天下。于漪一家和千千万万名教师一样，在讲台上用生命歌唱，为学生指引方向，点亮人生的明灯。